樂律

王國民等 著

e is in the little things

守護的身影，未曾言說的愛，
風雨中感受家的溫度與安心

愛在細微處

·被遺忘的溫柔羈絆·

在歲月長河中，
銘記最深沉的愛！

一個家庭的故事，是愛與牽掛的紀錄，
成為漫漫長夜中的無聲陪伴

目錄

第二章　無論世界多殘酷，你始終溫暖如初

第三章 時間呀，可不可以慢慢走

第四章　心心念念，最牽掛的是你

第五章　那座叫親情的山，它一動不動的

第六章　如果可以，我想成為你的驕傲

目錄

序

我曾和朋友討論過：我們究竟想要什麼樣的生活？這種生活在我看來至少是自由和快樂的，最好我還能透過自己的雙手去獲得。

每個人都渴望自己是幸運的，希望自己一帆風順。命運天平的砝碼，也恰恰掌握在自己的手裡，想要什麼樣的生活，就應該為之付出努力。

我們經歷了多少艱難都不要緊，只要有愛和溫暖，總會有一條路能走得無限精采。

很多時候，我們只看到別人的幸福，因而怨恨老天的不公。其實回頭想想，自己到底有沒有真正付出過？所以不必羨慕別人，也不要埋怨自己付出了卻沒有收穫，應該靜下心來想一想，你真的為你的幸福去努力了嗎？

本書精選《讀者》、《青年文摘》、《格言》、《知音》等知名雜誌作家最溫暖人心的情感美文，作者有王國民、顧文顯、王國軍、汪洋、張軍霞等人。

這些精選美文的主題積極正向，選材獨特，語言質樸卻感人至深，每一個故事都能帶給讀者不一樣的情感體驗，你可以感悟青春，體驗愛，領略成功。

明天之所以那麼美好，有陽光、鮮花、掌聲和愛，是因為今天的我們在奮鬥。

第一章

有一種愛，它不需要過多的言語

父親的祕密

汪洋

「十四夜，送蟾蜍，蟾蜍公，蟾蜍婆，把你蟾蜍送下河……」在每個翻春之日，這首好聽的民謠都會迴響在川北山鄉一帶。人們歡聚河邊共度「蟾蜍節」，一邊執燈祈求健康平安，一邊將蟾蜍送入水中。

看著划動四肢，自由自在遠去的蟾蜍，我在心裡祝願：「蟾蜍公，蟾蜍婆，一路走好，一路平安，別再被抓住了！」這話說給蟾蜍聽似乎有些矯情，但這真的發自我的內心。其實，在蟾蜍節裡，蟾蜍是以瘟神的形式存在的。但於我而言，蟾蜍不是瘟神而是救星。也許沒人能想到，被當成瘟神的蟾蜍，會是我中藥裡的一味藥引！因此，對蟾蜍我一直歉意頗多。

這歉意不僅與我流鼻血的經歷息息相關，還藏著另外一個人自認為隱藏得很好的祕密。

那時我還在讀國中。鼻血總是毫無徵兆，說來就來。洗個臉或打個噴嚏，我都特別小心，生怕一不留神鼻血就噴湧而出。這提心吊膽的生活，讓我很苦惱。對此父母也一籌莫展。

後來他們帶著我開始尋醫問藥，但吃了醫生們開的各式各樣的藥，鼻血仍然控制不住。連醫生們也無可奈何，一時間我悲從心生，意志消沉起來。父母看在眼裡急在心裡，更迫切地為我尋找著治療良方。

一個週日的上午，我正在家裡看書，隔壁嬸嬸喜滋滋地走了進來。她看了看我，而後對父母親說：「聽人說，縣城裡有個草藥醫生，專治流鼻血，很多人都被他治好了。」嬸嬸的消息，頓時讓父親臉上大放異彩：「真的？」「我還能騙你們？」嬸嬸一臉的自信。父親迫不及待地站起身，要立即出門去找那個草藥醫生。

想想過去的求診經歷，我闔上書勸道：「爸，沒用的，不要費那閒工夫。」父親只看了我一眼，並未停下腳步。母親說：「娃娃，不管有沒有用，我們都要試試！」父母的關心，我當然理解，便不再說什麼，但心裡還是不安。

下午，父親興奮地提著幾包藥回到家。母親滿臉期待地問：「怎麼樣？」父親答道：「那個醫生說這藥要是沒效，他不僅不收分文，還包賠。娃兒流鼻血的毛病算是有希望了。這藥還得加一味藥引，今晚我就到城外去找。」

我納悶：到底需要加一味什麼藥引，還要到城外去找？晚飯後，父親拿著手電筒，提著塑膠桶出了門。我問母親：「爸這是要找什麼藥引啊？」母親難以掩飾眉宇間的高興：「那個醫生說，這藥加入蟾蜍後，藥效會更好些。」

母親的話讓我心裡一顫：「爸爸去弄蟾蜍做藥引？不會吧？」印象中父親對蟾蜍好像很有感情，好像是因為他小時候一條蛇要咬他，一隻蟾蜍突然跳出來，擋住了蛇。記得有次與父親一起去餐廳吃飯，鄰桌點了一道叫「辣得跳」的菜。不知就裡的父親，忙問服務生這是道什麼菜，服務生介紹道：「這道菜也叫火爆蟾蜍。先生，您想要來一份嗎？」

父親沒回答，起身便走，說要換個地方吃飯。我忙問緣由，他憤憤不平：「火爆蟾蜍，這家店太黑了，怎能這樣呢？那些吃蟾蜍的人，也不是啥子好東西。」我學識尚淺，只知道蟾蜍就是青蛙，是一種對農作物很有益的動物，應該被保護。因此，在父親的潛移默化之下，我也不禁討厭起吃蟾蜍的人來。但現在呢，父親要拿蟾蜍做藥引，這不是背離了他的原則嗎？我決定等父親回來一定要勸他放了蟾蜍。

夜裡，父親提著裝了十多隻蟾蜍的塑膠桶回來。蟾蜍們全然不知即將遭遇的滅頂之災，在塑膠桶裡活蹦亂跳。父親催促母親快些熬藥，而後從塑膠桶裡抓出了一隻蟾蜍。在父親寬大的手掌裡，那隻蟾蜍的雙眼鼓得圓圓的，四肢拚命掙扎著。但任憑牠怎樣掙扎，也逃不脫父親那充滿力量的手掌。

看蟾蜍可憐的樣子，我的同情心氾濫起來，走到父親面前說：「還是放了牠吧。那個草藥醫生肯定亂說，蠐蟆做藥引，八竿子打不著的事啊！」

「沒聽說過才獨特。」父親不由分說，將那隻蠐蟆扔進藥罐，合上蓋子。

我清晰地聽到那隻可憐的蠐蟆在藥罐裡撲騰的聲音，由強至弱，最後什麼動靜也沒有了。目睹了蠐蟆由生到死的整個過程，我的內心充滿了強烈的悲哀之情。看著父親興奮的表情，我突然有些厭惡：真狠心，一個鮮活的生命，就這樣被他活活悶死了。我不忍再想那殘忍的一幕，趕緊回到自己的房間。

良久，父親端著冒熱氣的藥碗走了進來。聞到碗裡散發出的藥味，我有種前所未有的厭惡感。想到這藥水裡有蠐蟆掙扎死去的無奈嘆息，我的厭惡感更加強烈，故意不去接父親手裡的藥碗。

一直端著藥碗的父親，見我半天不動，有些急了，催促道：「娃兒，快點喝了它，喝了你就不流鼻血了。」

我看向父親。他的眼睛裡絲毫沒有對那隻慘死的蠐蟆的憐惜，有的只是要我喝藥的期待。我忍無可忍：「你難道一點都不覺得自己殘忍嗎？那可是一隻活生生的蠐蟆啊！」「一隻小蠐蟆，有什麼大不了。只要你的病能好，其他都不重要。」父親笑著說。

「我不喝！」剎那間，我的倔脾氣上來了。

「快點喝了它，不然等會兒涼了。醫生說涼了藥效會打折扣的。」

「我不喝，就是不喝。」我伸手去推父親手裡端著的藥碗。

父親毫無防備，以為我伸手是要去接藥碗，但瞬時藥水潑濺而出，濺得他滿手都是。他一愣神，藥碗「啪」的一聲掉到了地上。

藥碗碎裂的聲音，使我很震驚。我趕緊看向父親，發現他眼睛裡閃過一絲怒火。我突然有些害怕，害怕他會打我罵我。但父親眼裡的怒火一閃而過，之後便一言不發地彎腰去揀地上的碗碴。這時，母親衝進房間，一臉擔憂地問：「怎麼啦？」父親看了一眼母親，平靜地說：「去把藥罐裡的藥倒了，把桶裡的螃蟆也放了，重新幫娃兒熬藥。」

母親神色詫異，但沒再說什麼，轉身出了房間。看著俯身拾揀碗碴的父親，我一時不知所措。父親俯著的身影有些佝僂，顯得無力而蒼老。我雖然依舊對父親將一隻活螃蟆扔進藥罐的行為感到厭惡，但又覺得自己太過分，他畢竟是為了幫我治病。父親一直沒有說話，揀完地上的碗碴後，默默地走出房間。看著父親落寞的背影，我對他的厭惡頓時消於無形，取而代之的是滿腔的愧疚。

不久，父親再次端著藥碗走了進來，一臉認真地對我說：「這回沒有螃蟆了。」我接過碗，將苦苦的藥水喝得一乾二淨。

在接下來的一個月裡，幾乎每隔兩天，父親都會在晚上出去一趟。而我則乖乖地按時吃藥。日子一天天過去，我流鼻血的毛病竟漸漸好轉，並且從未復發。

大學畢業後，我前往西藏拉薩工作。位於青藏高原的拉薩氧氣稀缺，低海拔上來的人在氣壓驟變中，很容易出現流鼻血的現象。但我這個在低海拔都能流鼻血的人，在青藏高原竟從未流過鼻血。

一天，我正在世界海拔最高城市日喀則進行採訪，突然接到父親的電話：「流過鼻血嗎？聽說高原上很乾燥，容易流鼻血。」「沒有，我好著呢！」我高興地報平安。

「多虧了那些螃蟆……」父親突然意識到自己說漏了嘴，趕緊停了下話。

我知道父親想要說什麼。其實，我早就發現了父親藏著的祕密。在吃藥的那些日子裡，有次我從垃圾旁經過，發現藥物殘渣裡有很多被煮得只剩下骨架的螃蟆殘體。這時我才明白過來，我吃的那些藥裡，一直都有做藥引的螃蟆。

發現這個祕密後，我沒有莽撞地找父親理論，也不再厭惡他。我明白他想我早日痊癒的那份苦心。我不知道流鼻血的毛病治好，是否歸功於那些命歸九天的蟛蟆，但其中肯定飽含了父親對我的無限愛意。

現在，我依舊保守著蟛蟆藥引的祕密。聽著〈正月十四送蟛蟆〉的民謠，看著漸漸隱入水中的蟛蟆，希望我的祝願和歉意被所謂「瘟神」的牠們聽到。但我卻唯獨不希望父親知道，我只想讓這份對蟛蟆的真誠祝願和歉意，成為兒子對父親的祕密！

一隻走失的飯盒

王國民

我習慣了吃母親送的飯。從年少讀書到現在參加工作，每天中午十二點，母親都會準時把飯送給我。

從公司出來經過兩條街和一座橋，就是母親和我住的靠江小屋。這間承載著我多少兒時夢想的小屋，一直是我記憶裡最自豪的地方。我一直佩服母親，從貧窮年代一路走來的她，總會做一桌子菜，不管是韭菜炒蛋、辣椒炒肉，還是紅燒魚，都像施了魔法一樣，令我垂涎三尺。

同事說我是個有嚴重戀母情結的人，我不否認。我甚至希望一輩子就這麼陪著她，在塵封的歲月裡慢慢變老。母親敲著我的頭說我讀書讀呆了，都快三十的人了，一點都不成熟。也許真怕我陪她不娶，母親開始為我張羅找對象的事。

母親人緣好，又熱情，消息一放出去，上來說媒的人真不少。我不忍心違背她的意思，說一個我就見一個，只是我有一個條件，那就是一定和母親住在一起。話雖這麼說，可是我終究沒能堅持住，拋下母親搬了出來，為了我喜歡的女人——燕。

燕來我家的第一天就說：「一個太戀母親的男人不會是個好男人。」母親沒說話，只是默默地走進廚房。

好幾次，我都想把母親接過來，怕她一個人太孤獨。但燕不肯，甚至說除非她離開。我想念母親做的美味佳餚。燕說：「我做給你吃。」吃了幾頓，總覺得索然無味。有時我在想，我並不是嘴饞母親做的菜，只是需要一份親情的關愛。

或許燕是從小缺乏母愛，也或許是嫉妒母親，怕母親搶走她在我心裡的地位，每次回家，母親做的菜，她幾乎都不吃。

由於我工作的地方離小屋不遠，所以我打算讓母親悄悄地幫我帶一份午餐。但不知燕怎麼知道的，她立即和母親大吵了一架。這件事我是後來才知道的。我足足等了兩天，母親也沒送飯過來。

因為出差，我沒能回家。一週後，我回來發現母親的小屋空無一人。我一路狂奔到燕的公司，將她狠狠訓斥了一頓，然後拉著她的手，四處尋找受傷的母親。終於我們遇到一個和母親熟悉的鄰居，他一臉驚訝：「你母親不是幫你送飯去了嗎？剛才我還和她聊著呢。」然後指著前面的一條小路說：「就是朝那邊走的。」

那是通往江邊的小路。頓時，我的頭上冷汗直冒，甩開燕的手，拚命朝前跑。我不知道自己是怎麼跑到江邊的，那一刻我只有一個信念：我絕不能失去這唯一的親人。

江口，兩塊石頭，兩個飯盒，一個老人邊吃邊念叨著。那個老人正是我的母親。

看著她，我的眼裡噙滿了淚水。父親走得早，自我懂事起，母親就操持著這個家。她把所有的心酸和淚水都往自己肚子裡咽，無怨無悔。而如今，由於多年操勞，她已病魔纏身，只剩下一個心願，那就是不被我們淡忘。但我終究忘了她。我忽然抬起了自己的手，燕在旁邊嚇得面無血色。但巴掌落在了我自己的臉上。我不怪妻子，我只恨自己無情，無能。

母親被我嚇到了，良久她才說：「傻兒子，你在幹什麼？不要擔心，我沒事，你們快回去吧。」我走到母親面前，拿起飯盒說：「媽，我陪妳吃。」母親怔住了。燕也在我旁邊坐了下來，她哭著說：「媽，是我錯了，是我不好，惹您傷心了。」

母親嘆口氣說：「燕妳沒有錯。只是我幫兒子送了十五年的飯，忽然叫我不送，我不習慣。」沒等我開口，燕又說：「媽，您也幫我準備一份吧，以後我想吃您做的飯，好嗎？」

晚上，燕主動把行李搬回了小屋。燕說以後她下班回來就幫媽媽做飯，再幫我送過來。

從那以後，我們才真正明白，母親那小小的飯盒裡，盛的並不是簡簡單單的菜餚，而是一份晶瑩剔透的愛，這份愛才是我們生命的營養所在。

那個離你最近的人

王國民

我曾多次在電視上看到這樣的新聞，一對父子由於某種原因關係變得越來越糟，爭執也越來越多。後來兒子出走，從此兩人形同陌路。在親朋好友聚會時，別人一提到兒子，父親便火冒三丈，似乎在他的眼裡，父子即使十年不相見，他也不難過。但當兒子真正落難時，父親便再也坐不住了。

多年後，兒子得了尿毒症急需換腎。對這個並不富裕的家庭而言，想要治療絕不可能。緊接著，他的妻子帶著兒子棄他而去。從此他陷入了絕望，只能數著日子等死。

有人提議，他可以去找他的父親。但他擔憂，年少無知的自己和父親分開已經十年，互相都沒聯繫過，在父親心中，也許早就沒他這個兒子了。

很多人都在猜測父親到底會不會出現？最後父親還是來了。在他最危難的時刻，陪在他身邊的還是最疼他最愛他，不計較他任何過錯的父母。後來父親為籌醫藥費賣掉了房子。父親不在乎自己的身體，毅然決然地捐了一個腎給兒子。出院那天，兒子跪在父親面前痛哭懺悔。

生活中，我們都有這樣的經歷：年幼時，最好吃的一直都在我們的手中；長大離開家，父母日日夜夜盼我們回家；等真正回到家，父母卻停不下來，為我們做出一大桌子菜。然而大多時候，我們又太忙，匆匆扒上幾口菜就得離開。剩的那些飯菜，父母要吃好些日子。等我們抽出時間再回一趟家，結局也還是這樣。當父母到都市來看我們的時候，他們也總是大包小包地帶東西給我們，生怕我們吃不飽穿不暖。

這輩子，我們身邊情同手足的朋友和白頭相守的愛人，都不能取代父母獨一無二的位置。你開心時他們替你開心，你痛苦時他們為你難過，你不在他們身邊時，他們又日日夜夜地思念你。

十年前，妻子和我一同回老家。自小在都市長大的妻子，從沒到過鄉下。當我告訴她鄉下蚊子和蛇比較多，而且又沒有電扇時，她非常害怕。晚上，母親一直在陪她，擔心她被蚊子咬，便不停地用扇子為她驅趕蚊子，妻子甜甜地進入夢鄉，而母親卻忙碌到天亮。

一年前，兒子在學校體檢被查出患有B肝。我不敢相信這個結果，帶著兒子去大醫院複查。由於我們去得晚，抽完血已經是十一點了，而結果要到下午五點半出來，我不忍心兒子跟我一起等，便讓他回家了。

在大街上漫無目的地走了一圈，我又回到醫院，找了個寬敞的地方，正想好好睡一覺。突然發現有人拍我肩膀，抬頭一看是鬚髮皆白的父親。他提著保溫桶，滿頭大汗。他問我：「沒吃飯吧？你媽早就料到，你為省錢肯定委屈自己，她熬了雞湯讓我帶過來給你。」我一吃完，父親就要趕我走，儘管我一直告訴說今天放假，我不用去公司，父親依然挑起眉毛說：「等一個結果，還要兩個人？這是浪費資源。」接著，他又重重地拍了拍我的肩膀，說：「沒事就多陪陪你兒子，和孩子多溝通。」我的心一暖，我自知拗不過固執的父親。我也知道，其實父親還有一句話沒說，那就是多陪陪我年老的母親。

忽然，我想起早上妻子發給我的一條測試簡訊，簡訊內容是：在你生命中，哪個是離你最近的人？選項是朋友，妻子，父母。答案顯而易見，從你呱呱墜地起，他們便開始照顧你，疼愛你，給你最好的；他們能和你分享快樂，也能和你承擔痛苦，他們就是任勞任怨的父母。

我鄭重地編輯好答案，按發送鍵，蓋上手機。轉身看父親，此時的他正微笑著向我告別……

最初的溫暖

王國軍

他是班上唯一的轉學生，也是唯一一個沒有住校的學生。父母在工廠裡做搬運工。

在週五的主題班會上，老師讓每個同學都介紹一下自己的家庭。輪到他時，他的臉一下子就紅了，愛面子的他知道卑微的父母肯定要受大家的嘲笑。

那節課，他是唯一一個走到講臺沒有說話的人。下課後，他聽到很多同學都在對他議論紛紛，指指點點，但只有她例外。他也就特別地留意她。

黃昏，他出來揀廢品，卻不料在路口遇到了她。女孩好像明白了什麼，主動跟著他。他驚訝道：「妳不怕髒？」「不怕，而且我也覺得這特別有意義。」她甜甜地笑了，露出兩個小小的酒窩。他頭一次覺得揀廢品不再是丟臉的事。

她主動要求和他同桌。因為是轉學生，他的成績在班上並不耀眼，很多問題他不懂，她就教他。中午，同學們都去玩了，他們還在教室裡看書。那個年代的學生對愛情有些了解。他覺得自己喜歡上了她，有時他會想要是將來能娶個這麼好的女孩，那該多好啊。

初三那年，他父親出事了，本來拮据的家庭一下子陷入了危機，他一度打算退學。開學六天他還沒有報到，雖然班導也來過，但也沒有打消他退學的念頭。

她來看他，背個大書包說：「我一直在等你。明天去上學，好嗎？」他沒有回答，因為他根本沒錢交學費。她把書包裡的錢掏出來：「一角、兩角、一元、兩元……」她數了十多分鐘，一共有三百一十五元，她說這是這幾年存的零用錢，雖然不多，但足夠交他的學費了。他氣惱地說：「我不去，我不用妳的錢。」她委屈地哭了，說：「你先拿著，長大了再還我，這總可以了吧？」他最終還是沒有拗過她，依了她的意思。

升高中考試剛結束，他卻得知她一家要搬走。他一下子呆住了，半晌後從家裡衝出來朝她家跑。遠遠地，他就看見她坐在車尾，他跟在車子後面大聲喊。他甚至沒來得及跟她說聲再見，車子就無影無蹤了。

她走後的一週內，他都沒睡好，總有一種丟了東西的感覺，他努力地找卻又找不到。一週後，他收到她的一封信和一個包裹，她在信裡說她一切都好，希望他們可以在大學裡再相見。包裹裡是他讀高中所需要的參考資料，她怕他棄學，提前為他預備好了。

他一直記得她在信裡說的話，所以不管有多苦，他一直都努力堅持。終於他以全市第一名的成績考上了第一學府。

他按照信上她留的地址，風塵僕僕地來找她，卻被告知，她在兩年前已經搬走。他怔住，從那時起他開始知道什麼叫心痛。

大學畢業後，他進了一家外商公司，三年後他升職成了部門經理，又過了三年他擁有了自己的公司。但是他從沒有放棄尋找那個陪伴他六年的同學，而且這種欲望也越來越強烈。

終於有一天，他得知女孩搬到了家鄉的一個小城市，他二話不說就趕過來，一口氣在這個城市裡開了三家公司，成了家喻戶曉的名人。

有一天，他正在和家人吃飯，電視臺的一個記者告訴他，那個女孩的事有眉目了，她就住在當地的某個社區。

他站在她家門外，聽到裡面有個男人說話的聲音，那是她哥。他對他說明來意，表示只想見她一面，並不想打擾她的生活。

「為什麼還要見呢？都那麼多年了，她不再是當年的她，而你也不再是當年的你。見了面又如何？還不如不見。」

他說：「我找她都找了快十年，見不到我心不甘。」

男人沉默了一會才說：「如果她不願意見你，或者她已經不記得當時的事情，你還會這麼執著嗎？」

他說：「是的，我只想當面對她說聲謝謝，當面把她借我的錢還給她。這十年來，我無時無刻不在想她的好，想她給我的溫暖。今天我能走到這個地步，都是因為她的鼓勵。我想如果沒有她的支持，也許我的人生會截然不同……」

說到動情處他不禁潸然淚下。最後他補充道：「我只想看她一眼，想知道她是不是和我一樣，還幸福美滿地活著，請你成全我這小小的願望。」屋裡傳來一聲沉重的嘆息，接著門開了一半，露出一張年輕的臉：「她這幾天不在，出差了，等她回來一定會給你一個答覆的。」

幾天後，他收到了一封信：「曾經六年的郭同學，不瞞你說我早就知道你在找我，只是我不想去見你，因為我知道你會失望。畢竟過去那麼多年了，那些曾經的美麗，只能藏在風的記憶裡，經不起現實的摧殘。我想你也一定認同我的想法，感謝你這些年為我所做的一切，如果你真為了我好，那麼就請保持這份最初的溫暖，並且好好地活著，好好地為家鄉人民做貢獻。」

他不知道這封信是那個年輕人寫的，三個月前，他的妹妹在對抗雪災的行動中負了重傷，搶救無效死亡。

父親種草莓

汪洋

我不應該跟他說他孫女愛吃草莓的事情。他聽後一雙眉毛立即擠到一塊道：「看上去很紅的草莓可能打了催紅素，少給孩子吃點，對身體不好！」

我決定聽從他的建議，頷首應允。他望著不遠處津津有味地看童書的孫女，沉思片刻，眉頭舒展道：「孩子喜歡吃草莓，我來為她種吧。」

如今的城市寸土寸金，到哪兒去找種草莓的地呢？沒有地種草莓終究是一紙空談。因此他的話，我並沒有多當真。但接下來他的舉動卻讓我看到了他的決心。他逢人便打聽：「知道哪裡有草莓苗賣嗎？」看他那副急切的樣子，我早該料到才對。在我從小到大的經歷裡，他不是一直都言出必行嗎？

對有心人來說，堅持總會有結果的。在打聽了很多天後，他得知江邊週末集市有草莓苗賣後，頓時心花怒放。五塊錢一窩的草莓苗，他很大氣地買了十窩。望著那滿滿一塑膠袋已經開出白色小花的草莓苗，我替他著急：「怎麼種呢？」

在我看來困難重重的問題完全難不倒他。他早就計劃好了似的，去花市買來十個塑膠花盆。這回我算是知道他的想法了，要將這些草莓苗全都種進花盆裡。可是土壤呢？我的這個疑問還沒成型，下班歸來就看到那十個花盆各自抱著草莓苗，在陽臺上整齊排列著。

「十個花盆可要不少土壤的。你去哪裡弄來這麼多？」面對我疑惑的目光，他揚揚眉毛，神情稍顯得意地說：「我到旁邊那個建築工地弄的，用管理員的小推車推回來的。」他說的那個建築工地我自然知道，距離我家的小區差不多有一公里遠。

在晚春的陽光下，一位年逾七旬的老翁推著裝有百十來斤重泥巴的推車，蹣跚地走在車流如織的街道邊，滿頭大汗，氣喘吁吁……這樣驚險的畫面，突然閃到我的腦海，不免讓我覺得有些震撼。早年他做養路工人時，患有嚴重的腰傷，稍微用力就會既酸又痛。想到這，我很擔心，嗔怪道：「孩子要吃草莓，少買點嘗個鮮，問題也不大。」

「吃得再少還是有催紅素。自己種的孩子吃著會放心些。等其他草莓上市時，我這些草莓也該成熟了。」他微瞇眼睛，望著剛剛搬進新家的草莓苗，暖暖的目光裡，溢滿了長長的期盼。

他的固執讓我無話可說。身為他孫女的父親，我在為他孫女的口福暗自慶幸時，也不禁期望：「只要他願意，那就種吧。希望這些草莓苗懂得他的心，不負他的期盼，結出又紅又大的草莓來。」

但是這些搬進新家的草莓苗，能結出好看好吃的草莓嗎？這實在是個未知數。我也並非不尊重他的勞動，我真的覺得前路漫漫，花盆裡被他當成寶貝的草莓苗想要結出草莓，怕是異想天開。

在我心有悲觀時，陽臺上擺放整齊的十個塑膠花盆，引起了他孫女的注意。她很好奇爺爺又種了什麼花，於是她蹣跚地跑過去，伸出軟乎乎的小手，想要摘那些白色的小花。

看到這一幕，他急了，趕緊跑過去阻擋了孫女的暴力行為。而後他輕輕抱起孫女，指著草莓苗說：「乖，這是我們家種的草莓。再等兩個月，妳就可以吃到我們家種的草莓了。不過，我們可不能摘這些白花花啊。」

對他孫女來說，有草莓吃是讓她歡呼雀躍的事情。聽過他的話，孫女使勁地拍起手來。看著高興的孫女，他的神情再現得意。

但他的得意並未能維持太久。接下來發生的事驗證了我先前的悲觀想法。不管他多麼仔細地照料花盆裡的草莓苗，期盼中的開花結果並沒有出現，倒是白色小花接二連三凋落，葉子一片接一片枯萎，直至整個植株毫無生氣。

為了拯救草莓苗們的生命，他能想的辦法都想了。有人說，可能是花盆裡土壤不夠疏鬆，不利於根的穿透。他不怕麻煩，急忙小心翼翼地鬆土。剛松完土，又有人說，可能是花盆裡土壤不夠多。他趕緊再次跑去建築工地，用塑膠桶提回兩桶土壤，認真地為草莓苗們培土，希望它們的「江山更穩」。培土的工作一做完，還沒來得及鬆口氣，有人告訴他，建築工地的土壤沾了太多建築垃圾，對草莓苗的根有損害。

聽了這話他將目光投向我。我遵照指示將車開到十多公里外的郊區。他找到自認為肥沃的土壤，並讓它們搭車到了我家陽臺上。可是即便這些土壤肥沃，草莓苗們卻持續消瘦，他依舊無能為力。「那一定是草莓苗遭遇蟲害了，打點藥吧！」有人提議。但他萬萬不願打藥的，那樣豈不是和市場上賣的草莓一樣了。

對草莓苗可能的蟲害，他亦有他的辦法。不知道他從哪裡找來一把乾稻草，躲到小區隱蔽角落，將它們點燃。濃濃的黑煙將巡視的保安引了過來。他局促地解釋，陽臺上種的草莓有蟲害了，草木灰有殺蟲作用。保安了解後，神情嚴肅地告誡他下不為例。結果草木灰還是沒能挽救草莓苗，它們相繼枯萎，陽臺上只留下一個個露出了乾燥土壤的花盆。

或許是他的鍥而不捨感動了草莓苗，陽臺最靠裡的那盆草莓苗與他一樣，最終堅持了下來。儘管它的白色小花早已杳無蹤影，葉子也只剩下四五枚。但只要活著就有希望。父親望著這盆倖存的草莓苗，眼睛裡燃燒著期盼的火焰。

這個時候，市場上開始有早熟的草莓在賣。對此他不以為意，依然故我。那些空出來的花盆，他有心再種上草莓。但現在不僅是找不到草莓苗，而且已經過了移栽的最佳時間，堅持移栽很難成活。於是他決定暫時放棄再種新草莓苗的想法，只將剩下那窩病懨懨的草莓苗照顧好。

對於他的堅持我依舊心有悲觀：「這最後的一窩草莓，怕是很難再次開花結果吧。」事實上，在草莓本該大量成熟的季節，他的草莓苗們集體趴倒，即便倖存下來也未必能創造出結果的奇蹟。面對孫女渴求的目光，他一臉歉意：「乖孫，我們家種的草莓要等到明年才能吃。」

我不能不懷疑這窩草莓能等到明年嗎？想想那些夭折的草莓苗們，怕是只有他才相信這窩草莓能堅持到明年。但他依舊仔細地照料最後剩下的這窩草莓苗。他看著陽臺上孤零零的草莓苗，並沒有感到失望。只要堅持就會有奇蹟，這一定是至理箴言。

奇蹟在他的堅守中終於上演了。這年秋天，這窩原本命懸一線的草莓竟然開出了幾朵白色小花。

在闊大的陽臺上，那些白色小花並不顯眼。但它讓我原本悲觀的心也悄然而生起一份期盼：它會結果嗎？在秋天裡少見的蜜蜂，繞飛在白色的小花中間，這竟然使我的懷疑變成了堅信。

秋天就要結束時，那窩草莓苗上的十多朵小花全都凋零了。是結果了嗎？我滿心期待起來。

在枚枚綠葉中間，我看到了一顆不仔細看就難以發現的青色草莓。同時，我也看到了父親神情間的得意。他孫女就在他身邊，用小舌頭舔了舔嫩嘴唇問道：「爺爺，我什麼時候能吃到我們家種的草莓呢？」

他信心飽滿地說：「應該是這個冬天吧。乖孫一定會吃到我們家種的草莓！」

他的話，讓我不禁對那棵孤零零的草莓的命運擔憂起來。正常來說，草莓生長成熟的季節是春夏之交，最適宜的溫度是攝氏十五到二十五度。我們這個地方，到了冬天，氣溫一般都會降到攝氏三到十度。而這，顯然不是適宜成熟的溫度。

但我不能再悲觀，不能再懷疑，我必須和他、他孫女一樣滿懷信心。對接下來的冬天，我的心裡更加期盼。我深信給草莓充分的光照，適宜的溫度，即便是冬天，他也一定會讓奇蹟發生。

而這就是愛的奇蹟！

母親住在一朵雲裡

石兵

1

年少時，母親帶他去山坡上看雲。那是個清晨，清澈的陽光傾瀉而下，草尖的每一滴露珠都閃爍著，展示著這個世界的緩慢與悠遠。

他隨母親來到一處平坦的草地，母親指著天邊不斷幻化的雲對他說：「這些雲會滿足你的願望，會變成你昨天想要的那些玩具，只是你要仔細捕捉它們的痕跡。因為它們只能為一個孩子存在很短的時間，全天下孩子的願望它都要一一實現。所以你一定要用心找到那朵屬於你的雲。」

母親說完後用手輕輕拂過他的頭。母親的手柔軟得像天上的雲，還帶著一點皂角的味道。每當憶起，總讓他有一絲不真實的感覺。

那一天，他真的從一朵雲裡找到了自己想要的玩具——一隻毛茸茸的小狗。他清晰地看到了小狗潔白的爪子和聳動的鼻子。他興奮地想把這個消息告訴母親，卻發現不知何時，母親已經俯身在稻田裡照料幼小的禾苗。陽光灑下來，稻田中水光蕩漾，禾苗上無數露珠隨著母親的移動滾滾而落，露珠中倒映的世界在瞬間破碎，溶入黃色泥漿中。

他幼小的心突然一顫。

一個月前，在稻田中工作的健壯的父親，如今只能躺在家中寬大的床上。由於那些潛伏在稻田深處的可怕的血吸蟲，循著父親的雙腿進入了心臟，讓如山岳一般高大的父親瞬間倒塌。想到這，他的目光頓時黯淡下來，低頭不敢再看母親。可是當他再次尋找天空中那隻潔白的小狗時，卻發現它早已不知所蹤。

那是母親第一次帶他看雲。

那一年，他五歲。

2

母親總是忙碌不停，她將大把時間放在了稻田裡，偶爾還會失蹤一段時間，然後一臉蒼白地出現。他則習慣了沉默，總是一個人來到這片山坡看白雲變幻，找尋那片為他幻化出心中願望的雲。

他十五歲那年，父親終於撒手而去。父親臥床十年，四肢萎縮，面黃肌瘦。他抱著父親像抱著一把稻草。可是當他把這把稻草交給母親時，母親卻在瞬間被壓垮了。他這才發現曾經高大的母親已經矮了他一頭。她俯在床邊一如既往地擦洗著父親的身體，彷彿父親從未離去。恍惚中，他感覺母親像天上的一朵雲般遙不可及。她在迅速變幻著，十年來的變化在這一刻重新浮現。當一切塵埃落定，他終於相信，曾經高大、溫柔、堅強的母親已變得矮小、蒼老、脆弱不堪。

十年時光像天上的雲朵般無常，他漸漸長大，母親卻在迅速老去。

處理完父親的後事，他悄悄地來到那片看雲的山坡。天還沒有亮，草地上溼漉漉的，天上的雲還在沉睡。他小心翼翼地脫下鞋襪，生平第一次走入了那個帶走了父親、圈牢了母親、養活了自己的稻田。

踏入稻田的一剎那，一股冰涼的寒意侵襲著他的身體，泥濘的黃泥讓他腳下一滑，摔倒在一片泥窪之中，他奮力撲騰著，卻無法控制雙腳，在這片僅沒過小腿的稻田中怎麼也站不起身來。他突然明白了為什麼母親自從踏入這片稻田後，挺拔的腰身便日漸佝僂，光潔的肌膚變得黯淡無光，溫暖如雲的雙手也變得如此堅硬乾枯。

他從稻田中掙扎而出後，趴在草地上痛哭了許久。直到前來找他的母親將他攬入懷中，他才擦去眼淚，不顧渾身的泥濘，再一次踏入稻田。

這一次他不再驚慌。因為他發現一向鎮定堅強的母親變得不知所措。母親抱著這個已高她一頭的兒子，卻不知道該如何安慰。天空中的雲在朝陽的映照下放射出燦爛的霞光，那光瞬間滌蕩了整個世界的黑暗。他終於明白，原來那柔弱的白雲也有如此堅強的一面。

從此在忙碌的讀書學習之餘，他便開始走入那片稻田。忙碌空檔，他還是會抬頭看天上的雲。

伴隨著他的成長，看雲漸漸成了他生命中不可或缺的部分。在他看來那些雲既像這個世上的事，變幻無常，無法掌握，又像這個世上的人，隨風飄蕩，居無定所。

3

母親仍然是稻田中最忙碌的人。當他升上高中，從小山溝走入城市時，他離那片稻田已經越來越遠，他只能利用週末時間拚命地在稻田中工作。

這時他驚奇地發現，原來城市的雲與小山坡上的雲是不一樣的。城市的雲十分匆促，它們似乎都在向某一個地方飄移，而小山坡上的雲幾乎是靜止不動的。城市的雲零散無序，小山坡上的雲卻錯落有致。他疑惑：所有的雲都在向這片小山坡匯聚，究竟預示著什麼？在這片小山坡上，只有日夜工作疲憊不堪的母親。

當他拿到大學錄取通知書的時候，他開始猶豫不決，他知道自己上不起學，但是又不想放棄這個改變人生的好機會。他不敢告訴母親，母親為了他幾乎透支了自己的生命。而他已經十九歲了，不應該再讓母親來承擔這些。

高中生活結束後，他回到家告訴母親，自己沒考上大學，想去外地打工。母親聽後沉默不語，過了許久，從床下取出一個青布小包，輕輕打開一層層布，露出一沓嶄新的百元紙幣。

他的身體不由自主地顫抖起來，他深知母親不可能有這麼多錢。母親似乎看出了他的疑惑，緩緩地對他說：「媽媽不會偷不會搶，你爸生病的時候，媽把親戚家都借遍了，再也借不來這麼多錢。這時媽聽人說城市裡有一個血站，雖然它不是公家開的，但是給的錢不少。於是媽就去賣了一次血，血站的人對我說，正常人賣血沒有事的。而且我的血型很罕見，所以很值錢。」

他心中的疑惑終於被解開，為什麼母親會偶爾神祕消失，為什麼她再出現時臉會變得那麼蒼白，為什麼她曾四次暈倒在稻田裡。那天他抱著母親瘦小的身體哭了許久，然後取出那張疊得方方正正的錄取通知書，又和母親一起笑了許久。

那天夜裡他難以入睡，一個人走到小山坡上。他抬頭發現一片片雲正在月光中潛行，不再變幻，只是靜謐地飄移著，俯瞰著芸芸眾生。

4

於是他成了村裡少有的大學生。當他懷揣著母親用血換來的錢走入大學校園時，內心既有徹骨的疼痛，又有堅定的信念。他說：「媽媽，再等我四年吧。」

在大學校園裡，他依然常常看雲，看著一朵朵白雲向著母親的方向飄去，內心十分平和，他想這雲會護佑著母親吧。

大三時，他得知母親生了一場重病，想休學照顧母親，但被母親拒絕。母親對他說：「媽的病沒事，養養就好了，只是可惜了那片稻田，正是播種的季節。」

畢業後，他留在了城市裡，每個月都寄給母親一大筆錢。城市生活忙碌無比，他漸漸丟掉了看雲的習慣，也減少了看望母親的時間。他本想接母親來城裡，但母親心繫那片稻田不願過來。母親覺得城市留不住人，城市裡的人就像天上的雲一樣，身子停不下來，心也不知道該如何安放。

結婚後他更是忙得焦頭爛額，有次他竟長達三個月沒有回去看母親。之後妻子懷孕，他在公司升職，生活變得更加忙碌。也就是在那時，家鄉傳來母親去世的消息。

他強忍著內心的悲痛，放下一切趕往家鄉。在車站等車時，他下意識地望向天空，發現天空澄澈萬里，沒有一絲雲的痕跡。頓時他淚流滿面，痛恨自己竟然這麼久沒有看雲，沒有意識到它們也有隨風而逝的一天。

他把母親葬在了小山坡，那個同樣埋葬著父親的地方。那天藍天上白雲朵朵，大地綠草如茵。他走入那片熟悉又陌生的稻田，扶正一株株禾苗，清理一片片殘葉。然後他仰起頭來，看到上空有一朵碩大的白雲，它既像一把張開的傘，又像一盞點亮的燈，似乎擁有沉默而巨大的力量。

他堅信離開後的母親一定住在這朵雲裡。

爸爸的眼睛

劉秋綠

很小的時候，我喜歡看著爸爸的眼睛，聽他說話，聽他唱歌給我聽，講故事。爸爸的眼睛很迷人、眼珠烏溜溜的；他的眼睛炯炯有神，眼裡總帶著笑意和慈愛，還有成功男人所特有的自信和滿足。那時他是公司裡的才子，能文善畫。主管非常賞識他，同事們都很敬佩他，很多人請他幫忙寫對聯、畫肖像、做編輯……他們用世上最美好的語言稱讚他，並說他的眼睛很有靈性，看什麼就能學會什麼，同時也誇獎我媽媽賢慧。然後他們會拍拍我和弟弟妹妹的小腦袋，說我們可愛極了。那時，我為擁有這樣受歡迎的爸爸而感到自豪。

俗話說：「天有不測風雲，人有旦夕禍福。」爸爸正春風得意，打算在職位中大顯身手之時，卻在一次為公司畫廣告畫的過程中被松節油和二甲苯弄傷了左眼。他不得不帶著憂愁離開心愛的工作職位，踏上求醫之路。從地區醫院到區域醫院，從區域醫院再到醫學中心，最後得到的診斷結果是視網膜剝離，爸爸必須做手術。而那時我家並不富裕，一家五口就靠著爸爸的薪資維持生計。這筆數目龐大的醫療費讓我們愁眉不展，我們開始過起了醬油拌稀粥吃的日子。

為了治好爸爸的眼睛，外婆帶著我們四處求神拜佛，媽媽則為借錢四處奔波。而那些經常找我爸爸畫畫、寫字並對他讚不絕口的「朋友」一下子從這個世界消失了，一個個不見蹤影。當媽媽走投無路，不得不向公司主管求助時，那個在我心目中一向慈愛的經理竟然數落起爸爸的不是。看著淚流滿面的媽媽，我怎麼也想不通：為什麼所有的人都變了樣？

後來，在爸爸的幾位較少聯繫的朋友的幫助下，我們終於湊齊了醫治爸爸眼睛的錢。

當爸爸媽媽不在我們身邊時，我學會了照顧弟弟妹妹，做飯、燒菜、洗衣服，並懂得了什麼是堅強和忍耐。那時的我才十歲，夢裡總會看到爸爸那清澈明亮、又飽含喜悅和滿足的眼睛。

再後來，爸爸在經過兩次手術之後，左眼宣告徹底失明。他再也不能畫畫，寫字，做他所喜歡的工作了。而那時他才三十多歲，他那原本明亮的眼睛變得毫無神氣，眼裡只有憂傷、憤怒和絕望。主管讓他轉換工作，專門管理水電的收費問題。除此之外他整天還得沖洗廁所，並且忍受一些勢利小人的冷嘲熱諷。我們的家也忽然間清靜了很多。

爸爸的眼睛失去了光澤，人也變得不再慈愛，動不動就朝我們發脾氣，家裡經常響起他的咆哮聲。爸爸的菸越抽越多，酒越喝越烈。醉眼矇矓之時便向我們傾訴他的落魄和無奈。他說他有好多夢想，他幻想過當作家、畫家、書法家……可是命運卻讓他瞎了一隻眼睛。那時我和弟弟妹妹總會拉緊手，望著爸爸那受傷的眼睛暗暗約定：每人幫爸爸圓一個夢。

轉眼間，十多年過去了。爸爸似乎習慣了只有一隻眼睛的生活。他是個堅強的人，在這四千多個落寞的日日夜夜，在別人罵他「獨眼狗」的時光裡，他默默地承受命運賜予他的痛苦，依然瀟灑地與命運搏鬥。他學會了很多知識，天文地理無所不精。同時，他把所有的知識和技藝都傳授給了我和弟弟妹妹。我們都很爭氣，在別人的嘲笑聲中幫爸爸圓了他的夢。

現在我是一名中學教師，在教學之餘從事寫作；弟弟在美術方面很出色，畢業後自己開了一家設計公司；妹妹選擇了裝潢設計專業，她的願望是當一名優秀的設計師。

爸爸依然用一隻眼睛看世界，但他不再嘆息，不再憤怒。他說上天是公平的，祂帶走了一種東西，就會用另一種東西來補償。我們是爸爸生命的延續，也是爸爸的驕傲。爸爸圓不了的夢，我們替他圓。

如今我們家又是門庭若市。當我再看爸爸的眼睛時，發現他的眼裡除了有久違的喜悅和慈愛之外，還多了一份平靜與淡泊……

那個總是輸給我的人

張軍霞

1

童年，在從村裡去小鎮的小路上，母親走在前面。她挑在肩頭的那一擔大白菜，讓瘦弱的她氣喘吁吁。我跟在後面一會兒去追蝴蝶，一會兒去採野花。母親時不時停下腳步招呼我：「丫頭，走快些……」

晌午，賣完白菜，母親捏著那幾張薄薄的紙幣盤算著換些油鹽，再剪一塊花布，幫姐姐和我做衣服。這時，我偶然看到百貨商店的櫥窗裡擺放著一個洋娃娃，波浪般的長髮，會眨動的大眼睛，真是太美了！我的眼睛直盯著它，任憑母親怎麼喊，也不移開腳步半點。

「請問這個娃娃要多少錢？」母親跑去問。那個嗑著瓜子的售貨員，翻翻眼皮，冰冷地吐出兩個字：「六塊！」「太貴了！」母親窘迫地退了出來：「那一擔大白菜，也不過才賣了七塊錢呀。」

我不說話，低著頭緊跟在母親身後。我不停回頭張望，竟然感到心如刀絞般的痛，淚水滾滾而下。「這是誰家孩子呀？怎麼哭成這樣？哎，妳是怎麼當媽的？」在母親排隊準備剪布時，流淚不止的我引起一位阿姨的注意，她毫不客氣地責怪母親，還塞給我兩塊糖果。母親的神情有些窘迫，她彷彿下了狠心，拉起我直奔百貨商店，大聲對著售貨員說：「我們要買那個娃娃！」

我們餓著肚子走在回村的路上。我興奮地高舉著那個娃娃一路高歌。記憶裡，這是第一次母親輸給了我。

2

二十二歲那年，我喜歡上一個人。母親說：「丫頭，你們不合適。」年少輕狂的我哪裡聽得進去，反而硬生生地擺出一種姿態：如果一定要阻攔，就死給你們看。

那時，鄰居家有個女孩剛鬧過戀愛風波。也是因為家人反對，她獨自離家出走。半年後她被找回來，不知在外面吃了什麼苦，整個人都變得很呆傻。

面對我的倔強態度，母親害怕了。她拜託了好多親友輪番來勸導我，但我聽不進去，一次又一次地把房間裡的東西全都摔在地上，對著母親怒吼：「我的事，不用妳管！」很多次，母親半夜坐在客廳裡小聲抽泣。我的心竟似長了老繭一般，又冷又硬，一點也不懂得憐惜母親。

最終母親沒能拗過我，只能含著淚答應。多年以後，回憶當時的情景，我終於理解，那時母親的淚該有多麼苦澀。我終於如願以償地和那人在一起，卻沒有得到憧憬中的幸福。歸來時，我的一顆心已是傷痕累累。

這一次的博弈母親又輸給了我。但我卻輸掉了自己的青春。

3

三十歲，我依然孑然一身，居無定所。輾轉多次，終於又回到了故鄉工作。

母親說：「家裡寬敞，妳的房間一直閒著，回來住吧！」

這時我的內心是痛苦的，我多想撲到母親懷裡痛痛快快地哭一場。就像小時候，我手上扎了一根小小的刺，都會對著她訴苦一樣。可是如今生活這杯苦酒，我必須獨自嚥下。

於是我說：「還是租房吧，更方便些。」

我租的房子很小，陽光照不進來，窗戶上的玻璃碎了好幾塊。一張窄窄的小床是唯一的家具。由於太過寒酸和簡陋，怕母親看了會傷心，於是我「威脅」她說：「我會經常回家看看，不許到我租的房子裡來，否則我會搬到更遠的地方……」

於是母親每次送東西給我都是等在樓下，然後打電話讓我下去拿。飯菜裝在保溫盒裡，熱乎乎的。哪怕要站在寒風中等待很久，她仍遵守諾言絕不上樓一步。她裝著無視我的落魄，來維護自己女兒的尊嚴。

這一次母親的認輸讓我讀出了心酸的味道。

4

時光如白駒過隙。只輕輕一晃，五年的光陰已逝。

母親已漸漸老去，曾經的烏髮早已染上了歲月的滄桑。她不是一個愛美的人，卻堅持讓我幫她染髮。腰痠背痛的老毛病也時時跑來折磨她，她卻努力挺直腰板，走路依然如風。因為我，母親不敢老去。

還好我早已重新撿起了爬格子的愛好，日日伏案讀書，寫字。源源而來的稿費，終於讓我的日子不再寒酸。我買了一套兩房一廳的房子，結束了居無定所的日子。存摺上的數字，如蝸牛前行，雖然緩慢卻一直增加。日子一直朝著更好的方向行走。

那次我回家，母親正揉著痠痛的手臂，費力對付著一件泡在水中的厚棉衣。我說：「我們買臺全自動的洗衣機吧？」她急忙搖頭不讓我花那冤枉錢：她還沒老呢！

隔天，我悄悄去了一趟電器行選好一款洗衣機，叮囑工人直接送到家。被蒙在鼓裡的母親，驚訝之餘說：「每年冬天洗棉衣的時候，我總是發愁，真的拎不動呀！這下好了，真好……」母親輸給了我，卻輸得那樣欣慰。

穿越滄桑的歲月，我不知道還有多少時光可以用來陪伴母親。但我知道只要我能過得更好，只要我需要，母親還會永遠輸下去。

我媽不是笨老婆

顧文顯

在我之前媽媽已有兩個女兒，由於是幾代單傳，父親發了狠心非要生出個兒子不可。那時候，娘也做了結紮手術，但偏偏又生出了個我。爹嘆氣道：「這就是命啊！」娘生的盡是女娃，有些氣短，不敢駁父親的牢騷話。她心裡卻是極疼我們幾個的，尤其是我。娘說：「我的老三這命是老天給的，將來必有大造化！」後來娘知道讀書有用，嫌山溝裡的小學教育品質不行，硬是把我託給山外的親戚，讓我得以在那裡的學校讀書。

我家住在一個極其偏僻的山溝，這裡年年把舊曆七月初七當節日過。七夕節是女人的節日，這天晚上有「乞巧飯」吃，大家搞得隆重而神祕，絕對沒有男人的份兒。我們姐妹幾個盼這一天的心比盼春節更切。每年這個節日都趕上暑假，所以我雖在山外讀書，乞巧飯可一回也沒落下。

我出生前乞巧飯都是蒸玉米麵包子，後來升格為白麵水餃了。娘在做這頓飯前必要洗手，給「織女姑姑」燒上一炷香。然後她把頂針、布頭兒、線團兒，還有從炊帚上薅下的一根草棍分別包進餃子裡……吃飯的儀式非常莊重，娘對我們說：「吃到頂針，就說明手巧；吃到布和線，就說明有工作做，有好衣裳穿；吃到了草棍，那就說明她是個笨老婆。」姐妹三個都不習慣「老婆」這個詞兒，可老輩兒留下的規矩誰能破得了呀。何況乞巧飯那麼有趣，我們也就不計較了。等我到山外讀書後，娘不知從哪兒又打聽到新規矩，餃子裡新增了一枚鋼筆帽兒的卡子。娘說誰吃到這卡子，那就乞到了真巧，將來必有大學問，並一再囑咐可準啦。

在這七夕節中我讀完了高中。期間每次吃乞巧飯，倆姐姐不是吃出頂針，就是布條兒和硬幣，而我總是吃到筆卡子。娘便預言似的說：「怎麼樣？靈著呢！俺三兒她就是個念大書的料！」說著，又自言自語，「那草棍呢？看哪個是笨老婆？」她最後端起碗，那草棍偏讓她吃了出來。娘一臉失落狀，爹在一邊揶揄道：「恁娘她天生就是個笨老婆！」畢竟是遊戲，一結束大家就哄堂大笑起來。歡樂就充滿了小草屋……

漸漸地我發現包藏頂針和筆卡子的餃子與其他的略有不同，差別就在餃子的褶兒上。我常常不用動筷子就能知道那筆卡子在我碗裡。可我不想娘總抽到草棍，總受老爹的取笑。孃的手非常靈巧，鄰居有針線工作經常來請教她。她怎麼會是笨老婆？更別說年年笨！我要讓娘高興一回。這一次趁娘忙別的什麼事，我將有筆卡子的餃子悄悄地埋在了她的碗裡。

待餃子吃完，娘也沒發現我吃到什麼。她似乎有些急，等她吃自己那碗時，奇蹟出現了：她一下子咬到了筆卡子！姐妹們一齊歡呼，娘卻十分慌亂，下意識地問：「咋回事兒？」爹冷冷地說：「咋回事兒你也還是笨老婆，哪個丫頭不比你靈巧！」娘這才回過神兒來，趕緊認同：「那是，那是。」

我終於明白了孃的苦心：她故意把草棍盛在自己碗裡，為的是給女兒們一個好兆頭。我又有些可憐娘，因為沒文化如今還把傳統節日的習俗當成精神依賴。但她不就是把希望寄託在我們這些女兒身上嗎？就算她把草棍餃子盛在自己的碗中，能有多大意義呢？把草棍取消不就完了嗎？

後來我考上了大學，畢業後當了教師，結婚生女，日子過得無憂無慮。沒有爸媽含辛茹苦供我讀書，恐怕就沒有我的今天。我眷戀他們生活的小山溝，於是每年寒暑假都要回去住一段。這時倆姐姐也帶著孩子過來看我。大姐生的也是女孩，她跟娘商量，今年要老少三代同過七夕。激動得歡呼雀躍的女兒，一下子勾起了我兒時的回憶。於是大家動手和麵拌餡兒。大姐提議老三命最好，這埋藏硬幣頂針草棍的工作，就由老三負責了。

我忽然覺得手裡的餃子皮兒異常沉重，女兒卻興高采烈，這是她頭一次吃乞巧飯。假如她吃到草棍，幼小的心靈會不會受打擊？可是我怎麼樣才可以保證在撈餃子的同時，不讓草棍進入我女兒的碗裡呢？正當我在廚房裡猶豫不決時，娘悄悄從外面進來。她手裡拿著一把匙兒，在藏草棍的餃子上輕輕一按，那餃鼻兒上立刻出現一個癟兒。就是再怎麼煮我也認得它，先把它撈出來一切不就迎刃而解了嗎？

我激動地抓住孃的手。因為長年辛勤勞作，她的雙手早已枯瘦變形。娘啊，女兒總是寫文章描寫孃的苦心，但理解得那樣膚淺。而女兒卻以為真正的母愛只展現在這一個細微的動作中⋯⋯

媽媽不會所有的本事

張軍霞

那年夏天，一個很普通的日子，她去小鎮趕集。九歲的小女兒一定要跟著她去。她買完日用品已經中午了。天氣炎熱，女兒的小臉被晒得通紅，嚷著要吃一碗涼粉。

她拿出錢為女兒買了一碗涼粉。沒想到孩子只吃了兩口，就嚷著說不好吃，把碗筷丟到了一邊。她嗔怪道：「你這丫頭也太任性了，要吃涼粉，買了又不吃！」因為捨不得浪費，就自己拿起筷子吃起來。

她吃得很快，心裡想著把涼粉吃完趕快帶女兒回去，家裡還有一大堆工作。可是一碗涼粉沒吃完，她就感覺眼前一黑，突然失去了知覺。不知過了多久，她醒過來發現自己躺在一間完全陌生的屋子裡。一個陌生的男人正盯著她看，女兒則被嚇得哇哇大哭。

「這是什麼地方？我們怎麼會在這裡？」她摟著女兒，驚恐地問。「這是我的家，你們被別人賣到這裡來了！」男人答道。「不，我們要回自己的家！」她掙扎著站起來，卻又因為頭痛欲裂跌倒了。「別做夢了，老老實實在這裡待著吧，我可不能白花錢！」男人冷冰冰地說，他轉身出去，順手把門反鎖上。

「我們要回家，放我們走！」她趴到窗前哭喊。但這換來的不是同情，而是男人的拳打腳踢。接下來的很多天，她天天摟著女兒以淚洗面。一天晚上，男人喝醉了酒忘記了鎖門，她看準機會背起女兒就跑。

天黑她又不認識路，跑出去沒多遠，就摔倒在路邊的水溝裡。女兒的哭聲很快引起了村民的注意。男人也聞聲追了出來，對她一頓拳打腳踢之後，又把她們母女鎖了起來。

在此後兩個月的時間裡，她多次試圖逃跑，每次都因為女兒的哭聲被發現。最後一次計劃逃跑前，她反覆哄了女兒多次，沒想到膽小的孩子還是哭了起來。萬般無奈，她咬牙扔下女兒獨自逃入茫茫的夜色中。當時她瘋狂地跑著，心中只有一個念頭：快點跑，快點跑，等到跑回家，再帶丈夫回來救女兒！

她一路乞討，用別人聽不懂的方言問路。費盡千辛萬苦，她終於回到了家。她向丈夫哭訴自己的遭遇，求他帶她回去找女兒。但糟糕的是她從來沒上過學，一個字也不認識，完全找不到回去的路。

在長達二十年的時間裡，丈夫和孩子們都不肯原諒她。她一直生活在陰影中，孤獨而痛苦。終於有一天，她來到某電視臺一個尋人節目的現場，面對鏡頭，她追訴往事，泣不成聲地對丟失的女兒說：「女兒，媽媽不識字，媽媽沒找到回去的路。媽媽不該丟下妳，這麼多年了，每到妳過生日那天，媽媽的心都很痛。媽媽對不起妳，媽媽沒本事呀……」

現場所有的觀眾都因這位母親自責的哭聲而心痛著。令人欣慰的是，這個故事的結局還算圓滿。電視臺的工作人員真的幫這位媽媽找回了女兒。觀眾們都陪著她們母女流下了開心的淚水。

媽媽緊緊抱著女兒再次哭著說：「都怪媽媽沒本事，把妳丟了這麼多年……」這時，主持人忽然說了一句簡短的話，打動了坐在電視機前的我。她說：「大姐，您不要自責了，媽媽不會所有的本事……」

是的，年幼時，懵懂無知的我們要吃的穿的玩的，媽媽總是點頭答應，盡量滿足孩子們的要求，媽媽看起來似乎無所不能。但是媽媽也是普通人，她不可能會所有的本事。就像這位不識字的媽媽，因為忘記了找回女兒的路，一輩子都在自責中度過。

我想如果這次節目組沒能找回丟失的小女孩，那她的丈夫和家人，以及觀眾朋友們，都應該用寬容和理解來溫暖她冰涼的心。因為正如主持人所說的那樣，媽媽的能力有限，她不會所有的本事。

第二章

無論世界多殘酷，你始終溫暖如初

母親啊，母親

馬俊茹

北方的大地在四月才漸漸復甦。它像我的母親一樣，經歷了漫長的嚴冬，終於迎來了生命裡的春天。

1

黃昏，北風蕭瑟。有人告訴我要到村北邊上學。那一刻，我的大腦裡一片空白，只想著跑去找母親！我在風中狂奔，心裡有說不出的難受。母親正幫二嬸家工作，忙得滿頭大汗。聽我斷斷續續地說完，她一臉溫和地對我說：「去吧，媽幫妳做雙新棉鞋。」她塞給我一個熱乎乎的紅殼雞蛋就又開始忙碌起來。她剛一轉身，我就又狂奔起來，臉上滑下兩股熱乎乎的東西。我再也不能坐在教室裡看著母親扛著鋤頭從窗口經過，回頭對我微笑；再也不能望著母親的身影一點一點消失在田野盡頭；再也不能下課後跑回家跟母親要一塊餅吃……可是母親竟說得那樣輕鬆。母親啊母親，妳怎麼能理解孩子對妳的那份深深依戀呢？

夜晚，母親坐在角落裡，就著昏黃的燈光為我趕製棉鞋。我縮在被窩裡緊緊挨著母親。

一句句輕柔的叮嚀隨著一針針細密的針眼，被母親牢牢地縫進鞋底，也伴隨著風聲進入我的夢鄉。在夢裡我似乎聞到了母親身上的味道。

早上我穿著暖和的棉鞋去了新學校。穿過幾條小巷道，再經過一條小河，母親終於鬆開我的小手。她微笑地望著慢慢走進教室的我……母親用線穿起一個個的高粱桿幫助我數數；母親邊拉著風箱邊笑呵呵地看著我們在大槐樹下跳繩；母親守在火爐前幫我烤乾尿溼的棉褲；母親在沒膝的積雪中用鍬幫我劃出上學的路；母親及時為我交上訂校服的錢；母親還在全班都吃冰棒時悄悄過來遞給我五分錢……兒時的記憶像一塊塊支離破碎的拼圖。可是母親留給我的印象永遠是瘦瘦高高的，帶著微笑的，就像門口的那棵大白楊。

寒冷的冬天使得我像隻病貓一樣，常常咳嗽。於是母親背著我去赤腳醫生家打針。胖胖的我懶洋洋地趴在母親瘦弱的背上。鄉村土路十分坎坷，母親氣喘吁吁地走得很吃力。我伏在母親的肩頭，聽到她兩膝關節來回摩擦的聲音。來回有幾里地，母親總是走得很快。她怕我睡著後感染風寒，答應回去買罐頭給我吃。因為我常生病，所以得到母親的關愛也多。姐姐常常撇著嘴表示不滿，此時母親會說：「大的要讓著小的。」我一直睡在母親身邊。母親怕我蹬了被子咳嗽，夜裡一直留心幫我蓋被子。我也習慣了摸著母親的大手睡覺。

有一天放學回來，我委屈地問母親：「別的同學的媽都比妳小，妳怎麼這麼老了？」母親笑而不答。「傻女兒啊傻女兒，你媽為了生妳吃了不少苦，三伏天妳一出生妳媽就落下了風溼。」鄰居嬸子聽了道。

相框裡最早的一張黑白照片上，高高大大的母親坐在中間，我和姐姐站在她兩旁，像兩隻小老鼠。我們身後是那間老屋，但照片上的人和物都很年輕。

2

考上高中時，哥哥要去送我。母親將我的行李捲好，叮囑我：「住校不比在家，要吃飽，別省著。」母親一字一句地說。我低著頭，一滴一滴的淚像斷線的珠子。母親笑著打趣：「總守在媽身邊長不了本事，小燕子總要出去闖練一番才能飛高。」

母親不會騎腳踏車，每次家裡做了換樣的飯菜她都會叫人送來給我。若是沒法送，母親就會坐在桌前默默地念叨：要是三兒在家該多好。她埋怨自己不會騎車，要不就可以去看三兒了。

深秋的一天，母親突然來學校看我。那是她坐三叔的車來市集上賣菠菜。站在大門外的母親，身上穿著哥哥的舊藍棉襖，頭上繫著灰頭巾，顯得很蒼老。隔著大門母親告訴我家裡大白菜收了兩萬多斤，哥哥的婚期也近了，叫我在學校多買菜吃，別捨不得。母親說著從內裡口袋掏出一卷皺巴巴的紙鈔，數出二十元給我。她說高三了該加強營養，別掛念家裡，家裡都好。母親繫緊了灰頭巾，坐著顛簸的三輪車回去了。我手心裡握著那二十塊錢，彷彿握住了母親那雙操勞的大手，針灸般的疼痛和心酸像一陣急流似的迅速襲擊了我全身的神經。

母親從不抱怨生活的艱辛，她總是相信日子會越來越好。直到有一天我無意中發現了母親的記帳本，上面清清楚楚地記著我們兄妹三人上學時借的錢。「他二嬸兩百元，老姨三百，對門一百，乾奶五十……」她從未提起自己受到過多少冷落，遭了多少拒絕，一次次空手而歸時內心又是怎樣的煎熬。可是看著她單薄的身子，夜晚聽著她悄悄地捶打疼痛的雙腿時的嘆息，我知道她是以怎樣的堅強挑起了這副擔子。

3

「等我老了，你們給我買東西就買甜的。」這是母親常說的一句話。

小時候過年，孩子們就盼家裡剩一盒點心沒送出去，這樣我們就可以等父親回來時，一家人圍在一起，看著母親小心翼翼地拆開點心盒，將點心一塊一塊地遞到我們手中。當我們把各自的點心高舉著要分給母親嘗時，母親就會說起那句「等我老了，你們買東西給我就買甜的」。我們小口地吃著，彷彿在把幸福一點一點吃進嘴裡。後來，我看到日本電視連續劇

《阿信》中，阿信臨出門吃米飯時那香甜的樣子時，腦海裡馬上浮現出了家人分吃點心的情景。父親總是推讓著母親遞過來的點心：「你們吃吧，我不愛吃甜的。」母親也總固執地將最大的一塊放在父親手上。我們一手拿著點心輕輕咬著，一手在下邊接著掉下來的渣，眼睛全都笑瞇瞇的。小屋裡的燈發出輕柔的橘黃色的光，使五個人的臉上都有了生動的光澤。我們互相望著，笑著。大大小小的影子在灰暗的牆上交織成一幅畫。

現在母親的頭髮變白了，牙齒掉了。老姨從北京帶來的稻香村點心，她也吃不動了。但她會留著等我們回來，挑選出一塊塊花樣繁多的點心讓我們吃，讓給孩子們帶回去。老屋老了，村莊的河水也乾涸得如同老人枯了的眼底。母親站在老屋前一次次地送別我們。雖然根還在，但我們卻如同大樹上的小鳥都飛走了，只剩下了在風中落寞的鳥巢。

天氣晴朗，母親躬身四處尋找著野菜。一場細雨將大地滋潤得如同用牛乳洗過一般。遍地金黃的蒲公英，開著白色小花的薺菜，一擠冒出白漿汁的苦媽子，一時叫人眼花撩亂。也許是從小吃慣了的緣故，我們對苦苣菜情有獨鍾。這些野菜生長在鹽鹼地裡，長著鋸齒一般的細長的葉子，顏色青翠，葉子中間是暗紅色的脈絡，隨手抓起一把塞進嘴裡，一絲略帶苦澀的清香便在口中瀰漫開來。母親採來野菜，撿乾淨，放進冰箱，等我們回來吃。有一次我回去時，正趕上母親早早地出去採野菜了。我趕到田裡找到她時，她已經採了兩大把了，上面都帶著露水。母親拿著小鏟，頂著灰白的頭髮，彎著腰仔細地辨認著。母親說原先成片成片的苦苣菜現在少了，不好採了。說話時我發現母親走路一瘸一拐，搖搖擺擺得像風中的一片樹葉。最近她右腿疼，走起路來不方便，我看得很是心疼。母親卻不在意地說：「吃的時候要先在清水裡泡泡，生發一會兒就可以了。」苦苣菜無論是蘸醬吃還是拌豆腐吃，都好吃。她還說：「晒乾了泡著喝，還能降血脂呢。」回來我照母親說的做，青翠的大葉子在清水裡伸展開，一片一片十分鮮嫩。我吃到那份濃濃的苦時，就不禁想起母親。她多像這苦苣菜啊，扎根在貧瘠的土壤中，吸收的是又苦又鹹的水分，卻仍然生得青翠、舒展、不屈不撓。塞一把大口地嚼著，不知不覺一絲絲的甜便漫過心頭。是啊，一個從鹽鹼地裡走出來的人，苦苣菜的苦已不只是腸胃裡的記憶，而是早已流淌在血管裡。有這些苦味墊底，在生活裡經歷掙扎、努力、失敗和堅持後，還有什麼苦不能忍受？

「三兒回來啦。這是老閨女買給我的鞋。老閨女照的。老閨女、老閨女……」母親喜歡對來人說，一遍又一遍。我多希望永遠有媽可以叫，多希望永遠在第一時間把喜訊告訴媽。孩子的乳名只有在母親嘴裡發出來才最動聽。我輕輕地為母親按摩，輕揉著她乾枯的手，聽著母親熟悉的呼吸聲，感到內心春風吹過般的舒暢。母親安詳地閉著眼，午後的陽光均勻地灑在她滿是皺紋的臉上。

橋下，春水蕩漾；空中，楊絮飄飛。一棵棵高大的白楊樹，一如當年我們的母親啊。它們總是遠遠地望著。那如雲朵般飄飛的花絮是母親們最深情的呼喚，是四月的天空撒落人間的愛。

母親啊母親，妳就是那四月的天空，有美麗的白雲、乾淨的風和清新的空氣，永遠帶給我最溫暖而舒適的陽光，最甜蜜而親切的記憶。

我的老父親

馬俊茹

誰沒有老父親？

這個週末，老父親打了三通電話給我。他是在無意中聽到我跟母親說煩心事後打來的。第一通電話是在晚上九點，我和母親剛通完電話。他說：「教育孩子就跟種黃瓜一樣，該澆水澆水，該爬架爬架，強求不得。」他還跟我講馬雲考了三次大學，有一次數學只考了十三分，關鍵是要發揮孩子特長。第二通電話是在第二天中午。父親問我想通了沒有。第三通電話是下午，他又用手機打來說：「什麼時候回來告訴我，我摘黃瓜給妳，馬鈴薯也收了不少。」

我放下電話，眼淚如小溪一樣奔湧出來，怎麼也止不住。老父親耳朵不中用了，平時電話即使他接了，也立刻給母親。不知這次他是怎樣聽到了我們的談話。

老父親啊，一定是一夜無眠。

老父親常常能捕捉到生活中的細節。他說北院子裡有五隻花喜鵲，也是一家五口。雖然大喜鵲破壞了他剛種的花生，但他毫不在意。他說：「可不能傷害牠們，牠們都是有靈性的小東西哩。你哥說他們公司老余惹了一隻喜鵲，老余去趕集，大喜鵲還追過去在後面啄他呢。這一家五口在我們這裡很長時間了，多像我們一家啊。」老父親無限愛憐地望著那五隻花喜鵲，一望就是半天。這五個小東西也一定帶給老父親許多溫馨的回憶吧。

那時我們一家五口不也是這樣形影不離嗎？老父親就是我們的天。他像大喜鵲一樣四處奔勞為我們找食物吃，辛辛苦苦把我們養大後，我們都飛走了。也許他現在寧願我們還像小時候那樣，在冬夜裡聽他講《聊齋》的故事吧？

老父親還說前院有兩隻麻雀。每次他幫太陽能熱水器上好水之後，一隻麻雀站崗，一隻麻雀則放心大膽地去喝水管裡滴落的水。他就那樣悄悄地注視著牠們。

老父親和老母親住在空空蕩蕩的大院子裡，進進出出的人就只有他們兩個。他們也像這對老麻雀一般互相守候著，不離不棄，哪兒都不想去。

因為這裡是他們的家。

這裡有他們住了多年的老屋，種了一輩子的土地和年齡不相上下的老榆樹。離不得，走不開。老父親用大手摩挲掉一頭蒜上的土。它們瓣瓣緊抱，一副難捨難分的樣子。老父親說他在南北兩個大院裡都種上了應季的菜，要什麼有什麼，想吃什麼我們就回來，保證我們吃著新鮮放心！老母親說：「菜上生了小蟲，都是你爸我倆頂著陽光戴著老花眼鏡一個個去捉的。」

「梨花開了，再不回來看就該謝了；櫻桃紅了，再不摘下場雨就糟蹋了；萵苣菜長得水嫩，放冰箱了，再擱兩天就不好吃了……」各種蔬菜水果長熟了，也是老父親呼喚兒女歸來的深情的話語。老父親望著那一棵棵蔬菜，喃喃自語。寬大的綠葉在風中舒展，像是孩子渾圓的手臂一樣，將要纏住他所依戀的大人。它們在風中歡欣地舞蹈，也只有它們能耐心地聽老父親一遍遍的唸叨。老父親像是照顧自己的兒女一般照顧這些菜，輕輕撣去這片葉上的灰塵，幫那棵不太壯實的菜堆點土，再給剛栽種的小苗澆點水。他像做功課一樣，習慣了每天默默地陪伴它們。

老屋像鳥巢一樣，時刻期盼著小鳥回巢。似乎時間並沒有走遠，老父親還是我們心目中的老父親。他的愛始終像天使的翅膀一樣守護著我們。不敢想像如果有一天，這份愛像斷線的風箏一樣飄散，我們該何去何從？

一年又一年，老父親像笨重的時鐘一樣緩慢地走完他的生命。他的每一聲呼喚，每一個眼神，每一次守望，都像年輪一樣深深地刻在我們回憶的轉盤上。

家在哪裡？父母在的地方即是家。愛在，家就在。

日落月升，滿天的星斗閃爍如眸。鄉下的夜啊，寧靜而安詳。風輕柔地吹著，請將美夢送給院子裡兩個白髮蒼蒼的老人。正因有他們，我們的一切努力才有意義。

老父親，你多像一首歌謠，永遠傳唱在兒女的心中。「家兄酷似老父親，一對沉默寡言人」。老父親，你是我們希望的田野。

媽，請牽著我們的手回家

王國民

關於母親是怎麼來到這個家的，有兩種說法。父親的說法是：那年他隻身一人跑到深圳打工。剛下火車，行李就被人搶了。苦於無奈，父親只好到處求人，但人們紛紛投來鄙視的目光。快到晚上時，父親突然聽到一個輕柔的聲音：「大哥，我跟你很久了，餓了吧？」父親轉頭看見了一張羞澀的臉，他老實地點點頭。女人便把他領進一個小館子。三個饅頭，一碗冬瓜湯，父親卻吃得津津有味。經過交談得知，女人所在的機構需要一名搬運工，父親便跟著她去了。第二年父親就把女人帶回了家。但二舅的說法是：父親那年打工回來，在家門口遇到了一個迷路的女人跟他借路費。父親見她可憐，便把身上的錢全給她了。誰知女人第二天又回來了，說她不想回去，錢沒賺到反倒把行李弄丟了，覺得很丟臉。女人問父親能不能幫她介紹工作。父親答應了，女人便暫時在家裡住下。後來她就成了父親的妻子。

不管哪種說法是真的，而且即使我們兄妹三人是母親親生的，但我們都很討厭母親。我不知道這是不是由於我的緣故。

聽哥哥說，我生下來就體弱多病。一歲那年，我還差點死在醫院。當父親抱著奄奄一息的我回家時，母親就和父親商量：「把孩子扔了吧，家裡本來就窮得快斷炊了，還多一個累贅。」

六歲時，我得知這件事後就再也沒有理過母親。不管她找我說什麼，我都保持沉默。除了恨她，我還討厭她身上的味道。那年，父親和母親承包了十畝魚塘。母親整天在外忙碌，又是往塘裡灌糞，又是下水捕魚，渾身上下又臭又腥。孩子們遠遠看見，扭頭就跑。只剩下一臉發愣的我，走也不是，留也不是。

我十二歲的時候，去二舅媽所在的學校唸書。一次，我正和同學們玩耍，有個同學跑過來大聲說：「咳，你家人來看你啦。在外面等你呢。」遠遠地，有個人向我招手，我的心一下子懸了起來，那是母親。我很不想她來，我也多次告訴她，不要來學校找我，我丟不起人。這時同學們湊過來說：「那個穿破衣服的醜女人是誰啊？你媽？」「不是。」我立即否認。想了想，又補充道：「我家新來的一個傭人。」我硬著頭皮走過去，幾個好事的同學跟著我。到了外面，母親連忙遞過來一個保溫瓶：「你爸讓我帶過來的，是我親手做的臘魚、臘肉。你嘗嘗，也讓你同學嘗嘗。想家了就回去看看。」母親說著，身上飄過來一股難聞的味道。幾個同學捏著鼻子，遠遠地議論著：「看起來不像他家傭人，倒像他媽。」母親聽了，只是溫柔地看了我一眼，然後一拐一拐地走了。

後來我才知道，鄰居家失火，母親前去救火時，被塌下來的房梁壓傷了腿。但這些並不能改變我對母親的看法。在我心裡，母親是個罪人。我瞧不起她。

二姐讀高三時，大哥在讀大學，一家三個孩子都需要錢。這讓本來就很拮据的家更是捉襟見肘。而父親和母親只好回到城裡，租了個門面做生意。但生意並不太好，母親很多時候都閒得沒事情做。後來在一個朋友指引下，母親去剪辣椒蒂，一個一分錢，一天下來也有二十多塊的收入。

二姐每個月會回來一次，每次都會要錢。那時，母親早已老態龍鍾，看起來不止四十歲。二舅說都是操勞過度的原因。現在回想起來確實如此。在我的記憶裡，母親每天白天在外面忙，晚上在家裡忙。基本上都是十一點才睡，第二天五點多就起來了。再堅固的機器也會出問題，何況是人。

有次二姐回來後向父親要一百塊錢。父親一下子就火了：「妳要這麼多錢幹嘛？」二姐說：「班上要辦春遊，我還沒出過遠門，想去看看。」父親說：「家裡連買米的錢都是借的，哪有錢給妳！」二姐也不知哪裡來的膽子，大聲頂撞說：「沒有錢買米，那你還抽什麼菸？」父親氣得當場給了她一巴掌，二姐轉頭就跑，母親想去追，還在氣頭上的父親說：「由她去吧！」

我知道抽菸是父親唯一的嗜好。半夜醒來，我就常常看見父親躺在床上，並有一股一股的香菸味浸潤在夜色之中。那晚父親失眠，靠吸菸來緩解內心的壓力。

晚上，我正要睡覺，忽然聽到父母在外面小聲地說話。我爬起來，貼著門縫聽。父親說：「錢借到了嗎？」母親說：「借到了。」父親嘆了口氣：「柔柔，妳不要騙我，妳又去賣血了吧？我早知道妳會這樣。都怪我沒能力……」母親哭了：「是我欠他們的，我沒有盡到一個母親的責任。」「妳沒有欠他們什麼！」父親提高了聲音，似乎怕影響我們休息，馬上又壓低了聲音，「反而是他們欠了妳太多。」父親不說話了，一個勁抽著那劣質的香菸。好長一段時間後，父親說：「妳明天把錢送過去給女兒吧。」母親說：「不了，上次去君兒學校，就讓她很尷尬，還是你去吧，我們家女兒自尊心強，她覺得丟人。」我躲在門後，什麼也沒有說，只是淚水悄悄地模糊了我的雙眼。第二天早上，我很早就去找母親：「把錢給我吧，我帶去給姐。」母親既驚訝又興奮，這麼多年，我還從沒有主動幫過她。母親顫顫地把幾張十塊的人民幣遞給我時，想起這些錢上流淌的全是母親的血，我終於忍不住嚎啕大哭起來：「媽，我知道錯了，請妳原諒我。」母親顯得比我還激動，從我六歲到十五歲的九年時間裡，這是我第一次喊媽。母親緊緊把我抱在懷裡，我們哭成了淚人。

二姐去了北京的一所大學唸書。大一寒假時，她要父親第二天早晨五點來車站接她。那天晚上，母親顯得最激動。凌晨三點的時候，母親就早早起床了。我和母親匆匆吃了早飯，就往外趕。外面正下著雪，我才走了兩步，臉就被凍紅了，母親說：「孩子，我把圍巾給你。」母親說著就要解。我望著母親那花白的頭髮和瘦弱的身體說：「媽，我不冷。」到了火車站，等了半個小時，火車來了。二姐走下火車，看見母親和我，意外地怔住了。母親跑上來，連忙把外套給二姐披上：「外頭冷，別凍壞了。」又把圍巾幫二姐圍上。母親說：「餓了吧，我做了妳最喜歡吃的煲仔飯。」大家找了個地方坐下來。我把煲仔飯取出來給二姐，二姐一邊吃，母親就一邊嘮叨：「家裡人都還挺好的，就是你外公得了風溼，走路有些不便。但總體來說這一年還不錯，你爸做批發生意，賺了不少。你哥也經常寄錢過來，妳在學校該花的就花，不要心疼。」母親還說：「回了家就好好休息，要吃什麼儘管說……」也許母親太興奮了，只顧著說，全然沒有注意到二姐的眼淚一滴一滴地掉在飯裡。

在我們三兄妹中，最有出息的就是大哥。他研究所畢業後，回到當地的一家外商公司做了個主任。大哥很忙，基本上半年都難得回家一趟。有一次，他回家說：「爸，裝個電話吧，有什麼事情也好聯繫。」

母親笑了，從裡屋拿出來一雙鞋子說：「我幫你做的。你看看合不合腳？我知道你錢多，但這畢竟是我的一片心意。」那個時候，母親迷上了針線活，每天晚上就在房間裡忙碌著。這麼多年，母親一直都不願意閒下來，彷彿忙就是她生命的一切。

大哥把鞋穿上，剛好合腳。出門的時候，大哥突然說：「媽，事情都過去那麼多年了，妳就不要放在心上了。這些年，妳為這個家所操的心，所受的苦，大家心裡都清楚。」母親沒有說話，卻迅速背過身，手在臉上抹了一下又一下。我在房間裡看著這一切，我知道母親這麼多年來等的就是這句話。這十幾年來，她一直都覺得自己有愧於我們。其實應該說虧欠的是我們。

但奇怪的是，電話裝好之後，大哥從沒接到家裡打過來的任何電話，有的只是偶爾的一個騷擾電話。後來父親告訴我，那是母親在想他，但又捨不得讓他花錢。因為母親一聊起來，沒有半個小時是捨不得掛的，所以她只好忍著不打。後來我和二姐都工作後，也會經常接到母親打來的「騷擾電話」，這似乎成了我家獨有的一種現象。

有次大哥出差回來，剛到公司就聽見值班人員說母親在辦公室等他。一見面母親就搶著說：「怎麼你的手機停機了？我放心不下，就過來看看你。」大哥這才想起沒有去繳電話費。後來，我們兄妹三人都不敢讓自己的手機欠費，而且二十四小時開機，為的就是等母親一聲獨特的問候。

有一段時間，母親突然不再騷擾我們。我急了，問大哥二姐，他們也說沒有接到母親的電話。打回家也沒有人接，我立刻請了假，風塵僕僕地趕回家才知道母親病了。

母親躺在醫院裡，我們三人就圍在母親的病榻邊，四雙手緊緊地握著。父親說：「你媽就是太操勞了，患了很多的病，什麼高血壓、腦動脈硬化都來欺負她。」母親笑了：「我不操勞，誰來養活我呀？」大哥急了：「不是還有我們嗎？」接著我們兄妹三人就商量，不管有多忙，一週都必須回家一趟。當然我們還有個約定，那就是等母親出院了，我們一起牽著她的手回家！

下輩子，不要做漂亮女人

王國軍

父親打來電話要妳回家過年，但妳卻躲得遠遠的。姐，父親已經原諒妳了，妳又何苦為難自己？

妳說妳會認真考慮妳的婚姻。聽說很多人在追求妳。「這一回，我都拿她沒辦法了。」母親把頭側過去，我看不到她的表情。但我知道全家人都在為妳擔心。「姐姐在外面還有那麼大的魅力嗎？」我忍不住問。「是啊，我倒是希望她沒人愛，省得擔心她。」母親長長嘆了口氣，我分明聽出了她心裡的無奈。

從母親那裡回來，我一路想的是妳。想起妳這麼多年來對我的照顧，想起妳從小到大對自己的諾言。我真的很想知道，經歷了那麼多風風雨雨的妳，是否還能像妳夢想的那樣快樂而幸福地活著？

1

從小我知道妳就不屬於小城市。那時家窮，但妳嚷著要讀書。因為妳知道妳的夢在遠方。妳常跟我說：「你知道北京嗎？你想去那嗎？如果想就請伸出手，掌握住自己的命運。」一直以來妳都在為之奮鬥。

從我懂事開始，聽到關於妳的稱呼就只有兩個字：美女。只要妳一出現，旁邊的人就立刻圍成了堆。清晨，有人早早在路口等待妳；下午，妳還沒下課，就有人在妳教室門前排起了長龍。妳總是對他們愛答不理，他們都說妳是驕傲而冷漠的鳳凰。為了能博得妳的一句讚美，很多男生不惜排隊兩個小時為妳買份吃的。我知道妳的心思都搭在讀書上，那些粗魯又不求上進的男孩又怎能與貌若天仙的妳相匹配呢？

可是從高中開始妳的成績就一直下滑，從班上第一名滑落到倒數第六名。妳開始著急了，有段時間妳回來得很早，吃完飯就跑到小房間裡看書。但好景不長，妳又堅持不住了。父親說了妳好多次，妳不聽。終於他忍不住去找妳班導，回來後他就一臉鐵青地站在門口不說話。妳大氣也不敢出地跪在地上，說妳知道錯了，不敢再逃課了。

那是妳頭一次向父親下跪請求原諒，我永遠記得。而父親從沒如此惱怒過。晚上，妳偷偷跑過來說妳睡不著。妳說的時候眼睛望著窗外，明亮而有神。妳問我知道妳為什麼逃課嗎？妳臉上洋溢著微笑說：「因為我戀愛了。」

那時，從妳的微笑中我以為愛情是個好東西。很多年以後我才明白，這種愛情很痛苦。

2

妳戀愛了，也開始學會打扮自己了，妳的書包裡堆放最多的就是化妝品。「你還小，等你長大了就知道它的魅力了。」妳一邊點著唇膏，一邊輕輕告訴我。

父親出遠門後，妳才敢讓那個高高瘦瘦的男孩子進屋來。你們一起做飯，妳最喜歡他炒的番茄炒蛋，妳說甜到心裡去了。天熱，妳就站在旁邊幫他搧風，甚至躲在他懷抱裡撒嬌，小鳥依人般，那麼幸福和安逸。

妳常說這就是妳想要的生活。打牌時你們總是讓著我，出去玩好吃的也先給我。有次我發高燒，整整兩天兩夜你們都陪在我的床邊，寸步不離。我不解，常問妳原因。妳摸著我的腦袋說：「傻弟弟，誰叫我是姐呢？我不心疼你，誰心疼？」因為這句話，我感動得熱淚盈眶。那個時候我暗暗發誓：姐，我要一輩子保護妳。

妳說妳不是一個貪慕虛榮的人，只因為他對妳好妳才義無反顧。我問妳：「妳打算和他過一輩子嗎？」妳抬頭笑著，眼裡卻有掩飾不住的落寞。

但妳終究沒有想到，父親會回來得那麼早。那時妳正在門後和他親熱，父親提了把菜刀進來。他嚇跑了，而妳面色蒼白地坐在地上。

父親頭一次打了妳，那年妳十六歲。父親讓妳轉學，妳堅決不肯。之後的三個月內，你們為此經常發生爭執。父親的脾氣變得越來越壞，而妳也漸漸失去了往日的快樂。有天晚上，妳突然放下碗筷，冒出一句：「這還像個家嗎？」說完妳就衝了出去。父親怕妳出事讓我跟著妳。妳說妳待不下去了。「妳要去哪？」我問。「北京。」接著妳補充，「他有個親戚在那，我們商量好了，一起去投奔他。」「妳捨得離開爸爸麼？其實他非常愛妳的。」我聽見妳長長嘆了口氣，默默朝前走。那個晚上，我們一直聊北京，聊妳的夢想。

早上，妳對父親說妳同意轉校。我知道妳說的是假話，但我不忍心拆穿妳，我含淚跟著妳，一直到妳登上火車。那天是我第一次逃學。

我以為從此妳能過著自己想要的生活。才到鄭州，妳突然打電話回來說你們在車上被人搶劫了，他也受了重傷，正在醫院裡搶救。妳說讓父親接電話，妳說對不起他，但他還沒聽完，就跑去火車站接妳回來。

妳繼續著妳的學業，這次出去後妳成熟了很多，妳開始擠出時間來看書。只是妳的身邊，依然圍繞著俊男帥哥。我也不知道妳談過多少次戀愛，但讓男的隨時都能圍繞在身邊的妳使學校裡的其他女生自嘆不如。

3

聯考完妳以一分之差落榜。父親想讓妳再考一年，妳說妳考不上，不想再丟人了。父親也沒怎麼說妳，也許他也明白：妳長大了，自己的事情要自己決定。我還聽說一個有錢人看上了妳，他願意為妳推薦高薪工作，前提條件是妳答應做他的情人。妳想也不想就拒絕了。他還來過家裡幾次，妳每次都讓我出去說妳不在家。那段時間，我聽見妳嘴裡說得最多的是：別以為有幾個臭錢就了不起，想讓別人怎樣就怎樣。

後來沒事的時候我就逗妳：「要是妳當初答應了他，現在就是千萬富婆了。」妳頭也不回：「你看我是那種沒品味的人嗎？要花也得花自己賺的，當情婦，那多委屈啊。」

其實，妳也知道憑自己的相貌找份輕鬆的工作並不難。妳才去人才市場一次，想應徵妳的公司就不下十餘家。最終妳選了家保險公司做文職工作。再一個月後，就傳出了妳戀愛的消息。近水樓臺先得月，那個應徵妳的總經理成了妳的男朋友。妳們開始同居，過著小倆口的日子。

聽說他對妳很好。我去過妳那一次，那時他剛出差回來，妳說想吃基圍蝦，他愣都沒愣一下就往外面跑。一個小時後，他端著滿滿兩個盒子，滿頭大汗地出現在妳面前。

誰都以為妳會收心好好過日子，但沒想到三個月後妳突然失蹤了，任他怎麼找也找不到。

後來才知道那個男孩回來了，你們見了一面，妳就跟他跑到了上海。但妳只待了一個月就回來了，妳說妳不習慣那裡的菜，妳待不下去。「那他呢，妳打算和他過一輩子？」我問。其實之前妳的每段戀情我都知道。妳總是淡淡地說：「我還沒玩夠呢，怎能白白浪費這副漂亮的皮囊啊。」但沒想到這次妳認真了。也許妳是真的喜歡他吧。但父親不同意，理由是他是個沒出息的人，妳跟著這樣的混混是沒有好日子的。父親說得也對，婚姻畢竟不等同於愛情，柴米油鹽一來，什麼浪漫都抵不過現實。

妳又外出了。這次妳南下廣州。父親勸不過妳只是丟下一句話：「如果妳真的打算跟一個混混過，就當我沒養妳這個女兒。」

那一夜妳哭了，在我的記憶裡妳從沒掉過淚。

4

妳說妳懷了他的孩子，快做媽媽了。那時我也戀愛了。妳問爸爸怎麼樣了，我說他脾氣越來越差，菸量也越來越大，我都不敢惹他。妳本以為等孩子出生了，父親想不同意都沒辦法。只是妳終究沒有想到，妳的男人在外借高利貸，追債的衝進屋子帶走了所有值錢的東西。妳去求饒被使勁一推，撞到了牆上。

妳躺進了醫院，孩子父親聞訊趕來，醫生從急診室出來問保孩子還是大人，那個負心男人居然想保孩子，被父親狠狠訓斥了一頓。

平安歸來後，妳沒再和他聯繫。妳說他也算是個男人，不過他的絕情寡意，讓你們的愛情最終走到了盡頭。

妳開始頻繁地出現在公眾場合，身邊很快雲集了很多男孩子。妳閃婚了，對方是個高大帥氣的男子，家裡也有些產業。

妳們在市區開了個茶館，生意一直很好。他也很愛妳，只是他的脾氣很差，動不動就打人。

二〇〇七年玫瑰盛開的季節，妳們再一次因瑣事吵架。他動了手，於是妳毅然決定回家，他就在後面追。那一天雨很大，他跪在妳面前請求妳的原諒。他說他不能失去妳，但正因為這樣，他才對妳猜忌和懷疑。妳說妳都不知道這是第幾回了，妳每次都想離，但妳每次都心軟。

三個月後，我去妳家做客。正好遇著他發酒瘋想打妳。我想都不想衝了過去，被他用凳子砸倒在地。

住院一個月期間，妳堅持一個人照顧我，父母拗不過只好作罷。但我畢竟是個男人，出院前我不再用尿盆，堅持要去廁所。我試著站起來，但身體太虛弱，掙扎了幾步就吃不消了。妳馬上過來：「姐背你去。」我看了妳一眼不再堅持。但我這胖胖的身體又豈是瘦弱的妳可以支撐的？很明顯妳力不從心，一步一步都那麼緩慢。好幾次我都要妳放我下來，妳不肯。

從小我就知道妳有這麼一股不服輸的精神。望著妳的皺紋和白髮，我忽然熱淚盈眶。妳把我放下來，轉身才發現我一臉淚水。妳笑了：「傻弟弟，不就是背了你幾步，用得著這麼感動嗎？」我用手背替妳擦著汗，擦著擦著，忍不住大喊一聲「姐」將妳緊緊抱住。

5

之後，妳不再提離婚的事情。妳總說一個人的生活很孤單。於是，一個已婚男人順理成章進入了妳的生活。妳說你們從沒提過結婚，只是偶爾在一起安慰彼此受傷的心靈。妳說妳都對愛情麻木了，就這麼將就過吧。

我不知道姐夫是否知道妳的事情。只是每次看見妳約會回來，臉上都露出久違的笑容。父親對妳的做法很生氣。也許，在他心裡妳已成了一個壞女人。之後你們大吵，妳再也沒回過家。我知道妳活得很苦，但妳沒辦法自我解脫。想離卻離不成，想去追求自己的幸福，心卻早已是遍體鱗傷。

離開妳家的那天上午，我們在電腦上看小說。我說妳就像一棵漂泊的浮萍，不管怎麼努力，都無法找到回家的路。突然妳抱住我，嚎啕大哭。我沒阻止，也許只有這樣，妳才能將心頭的哀怨全都發洩出來。也許等傷口結疤後，妳就能找到回家的路。

有時候做個普通的人會更好，至少沒有幻想，人才會老老實實地尋找自己的幸福。都說紅顏薄命，妳卻一直都不肯認輸。我想終究有一天，豁達的妳會走出困束自己的牢。我這做弟弟的沒什麼本事，但我會一直待在妳的身邊，用自己的身體保護妳不受別人欺凌。

妳想讓我將妳的故事寫出來，慰藉那些和妳有相同經歷的苦命人。妳說這話時望著遠方，眼睛明亮如星斗。

我傳訊息給妳：「文章完成了，我想問妳如果有下輩子，妳還願意做個漂亮女人嗎？」妳很快回覆：「我，只是……只是想踏踏實實地過。」我看得淚眼朦朧。此時已經是大年三十，父親早早地在門口靜坐著，等妳回來。

這一年，妳二十七歲。

一幅地圖

殷賢華

窗外，一些樹葉黃了、枯了，被深秋的涼風一吹就無聲地掉在地上。

他從病床上爬起來望了望窗外的世界，臉上帶著淡淡的笑意。他輕輕對老伴說：「老伴，我們旅遊去吧？我年輕時答應過妳的，就一定要實現。妳雖然不能走不能看，但我可以背妳去呀！」

他小心翼翼地把老伴背在背上。這是他人生中的第一次旅遊，他感覺心跳得特別厲害。

他的腳首先踏上了北京的土地。北京是中國的首都，他曾多次夢見來到北京，這回總算實現了願望。他覺得一輩子不去一趟北京，算是白活了。看！這是故宮；看！這是萬里長城；看！這是天安門廣場。他一路為背上的老伴指點著、講解著。

接著他的腳又踏上廣西的土地。到廣西，當然得去桂林、灕江玩。老伴從小喜歡看電影《劉三姐》，這輩子不知道看了多少遍，可以說是百看不厭。每看一次她就為阿牛哥和劉三姐的愛情掉一次眼淚。老伴早就想到劉三姐的故鄉桂林去聽聽山歌，到灕江坐一次順流而下的竹排。這回夢想終於實現了！

他的腳又馬不停蹄地踏上海南的土地。到海南主要是為了看海。海，他在電視上見得多了，但真正的海，他從來沒有見過。都說海水是鹹的，到底有多鹹？只有親自來嘗嘗才知道。都說海水是藍色的，到底有多藍？只有親自來看看才知道。

看夠了海，他的腳又踏上山東的土地。這裡是老伴的故鄉，也是他和老伴相識、相戀的地方，是值得一輩子回憶的地方。他和老伴好多年沒有回來過，實在是太想念這裡的鄉親們了。告別山東，他背著老伴，又先後到了重慶、西藏、新疆、雲南、貴州等等。他幾乎遊遍了整個中國……

他再次回到病床前，感覺如釋重負。他小心翼翼地把老伴從背上放下來，捧在手上。他輕輕對老伴說：「老伴，我對妳的承諾，這回總算兌現了，妳還滿意吧？如果不滿意，馬上我就要到妳的那個世界與妳相見，妳責罰我就是啦！」

他捧在手上的是一個古樸精緻的骨灰盒。因為他多年的撫摸，已經變得溫潤發亮。他把骨灰盒擦了又擦，不允許上面沾上一粒灰塵。他把骨灰盒重新放回枕邊，然後自己躺到病床上去。他感覺呼吸急促，面頰發紅，眼睛發光，他知道這是迴光返照的徵兆。他最後一次看了看地板上那張碩大的中國地圖，給自己蓋上被子，安詳地閉上了眼睛……

此刻，在這張鋪滿半個房間的中國地圖上，留下了一串串他踩過的腳印。只用了一個小時，他就背著老伴遊遍了中國。這張地圖，還是兩天前一群中學生來敬老院看望他時，他請求一個高個子男生替他找來的。

窗外，一些樹葉黃了、枯了，被深秋的涼風一吹就無聲地掉在地上……

一家人的依賴

殷賢華

一家人都很依賴他。

老母親依賴他是因為老母親做了腿部手術後，就再也沒有力氣站立行走。老母親想上街，他就會背老母親四處閒逛。他想為老母親買個輪椅，老母親不要，說輪椅冷。他想：自己小時候一直被母親寵著，現在也該寵她老人家一回了。這樣一想，他暖暖一笑：就由著老母親的性子吧。

妻子依賴他是因為煮飯、買菜、洗衣服、拖地等家事都是他的。他還幫妻子洗澡、洗頭、按摩。他黑黑瘦瘦的，而妻子卻被養得白白胖胖，身材越來越臃腫。他不嫌棄還暖暖一笑：「這是應該的，妻子本來就是娶來疼的嘛。」

女兒依賴她是因為女兒有什麼知心話，遇到什麼煩心事都願意跟他講。他為女兒輔導功課，教女兒寫作文，成了女兒的良師益友。他有時候也皺眉：女兒有十萬個為什麼要他解答，而她自己不願意動腦筋，這似乎不好。但他又暖暖一笑：「都說女兒是父親上輩子的情人，就替女兒做主，讓女兒少操一份心吧！」

身為家庭唯一的男人，他真的是一家人的依靠，一家人其樂融融。生活發生轉變是因為一次家庭體檢。

那一陣子，老母親腿痛、妻子氣喘、他頭暈、女兒面臨聯考情緒焦躁，每個人都有看醫生的理由。他說：「為了全家人的身體健康，我們到醫院做一次家庭體檢吧！」他背著老母親，妻子牽著女兒，一家人說說笑笑地來到醫院。

一週後他到醫院拿體檢報告單。醫生找他談話，他拿報告單的手微微發抖……

他臉色煞白地回到家，緊急召開體檢通報會。

他對老母親說：「醫生已下最後通牒，您老人家還不學會自己走路的話，不但會導致腿部肌肉萎縮，還可能導致癱瘓或者更壞的情況，我不能再背您了。」

他對妻子說：「醫生也對妳下了最後通牒，妳的身體太過虛胖，心臟負擔不起身體，隨時都有生命危險。妳必須馬上減肥，鍛鍊身體，以後的家事得由妳自己做了。」

一家人吃驚地看著他。他狠狠心，咬咬牙繼續說：「我現在才明白，過分的寵愛是有害的！為了妳們能安心治病，我決定外出三個月！」

一家人面面相覷，這個決定太意外了。女兒驚叫起來：「爸爸，我馬上要聯考了，到時候我報考什麼學校呀？」「妳這麼大了，自己做決定！」他板著面孔說。以前女兒問他問題，他總是微笑著回答。女兒無聲地哭了。

第二天，他果真消失了。一家人拚命地打他手機，怎麼也打不通。

……

三個月後，老母親已經能拄著枴杖自己慢慢走路；妻子的手雖然比以前粗糙了許多，但人更加健康，不再虛胖；女兒聯考很理想，考上了理想的大學……一家人歡欣鼓舞，忙打電話給他，電話通了，他的聲音很柔軟：「現在，妳們可以到腫瘤醫院來看我了！」

一家人急匆匆地來到醫院。他取下帽子，露出光頭。陽光透過窗臺照射到他臉上，發出迷離的光。他像以前那樣暖暖一笑：「手術很成功，化療很順利……」

夢裡香甜柚子糖

汪洋

我總是期待柚子成熟的季節快些來到。並不是因為我特別愛吃柚子，而是因為在柚子成熟的季節，我會反覆地做同一個夢，夢裡有母親忙碌的身影，還有她熬製的柚子糖的香甜味道。我喜歡這個夢。

記憶裡，在每年柚子成熟的季節母親都很喜歡做一件事情——四處收集柚子皮。母親這個與眾不同的嗜好，自我記事起便開始有了。

母親對柚子皮的喜愛自然有她的理由。每年秋冬，在寒冷的侵襲下，人最容易感冒。為應對這種情況，母親把收集來的柚子皮去掉表層，將殘餘的瓤切碎置於鍋中，加上水和適量冰糖進行熬製。三小時左右，柚子皮會熟爛，水分徹底揮發。在熬製時，為了不讓黏稠的柚子皮汁糊鍋，母親手握鍋鏟不停地攪拌。每次下來，母親都累得滿頭大汗。熬製好的糊狀柚子糖（我們家專用稱謂），被母親裝進一個好看的青花瓷罐裡。一旦家中有人感冒，她就會用湯匙舀出黏稠的柚子糖，讓其吃下去。吃上多次，感冒會奇蹟般好轉。

那個青花瓷罐密封很好，柚子糖保存較久。青花瓷罐是我幼時最喜歡的東西。我總是渴望感冒，只要感冒就能吃到柚子糖。柚子糖帶有一些柚子皮的澀味，更多的是冰糖的甜味。我覺得那是人世間最美好的味道。每每鼻塞打噴嚏時，我都會眼巴巴地望著母親說：「讓我吃點柚子糖吧！」

母親用溫暖的手輕輕地拍了一下我的腦袋，而後一邊打開青花瓷罐一邊說：「小饞貓，快吃下去，很快就好了。」我像三天沒吃飯一樣，將湯匙整個塞進嘴裡，將裡面的柚子糖吃個一乾二淨。母親拿走湯匙時，我的舌頭還不甘心地在上面拚命舔舐，湯匙瞬間變得閃閃發光。母親嗔怪道：「小饞貓，哪有感冒的樣子？」

吃著柚子糖，我慢慢明白了母親熬製它的真正原因。一點小感冒就去醫院，光父親那點薪資，肯定無法支應。母親打聽到柚子皮可以治感冒的這個偏方，在多次證實的確有效後如獲至寶。自此，母親有了收集柚子皮的嗜好。

我們姐弟幾人長大後，家裡經濟條件大幅改善。適當的醫療費已不再是問題，但母親的嗜好並沒變。她覺得能不去醫院盡量不要去，花錢事小，吃藥事大，是藥三分毒，而她熬製的柚子糖是沒有毒的。我們都很尊重母親，但不希望她像原來那樣四處收集柚子皮。因此每年柚子成熟的時候，我們家吃得最多的水果就是柚子。

時間流逝，母親已經七十歲了。我發現她最近熬製柚子糖時，兩三個小時攪拌下來總是疲憊不堪。我看不過，上前去幫她，但也覺得這樣很麻煩，便忍不住道：「感冒買點藥就好，不必每年勞心費神地熬製柚子糖。」

母親固執地說：「藥有什麼好？是藥三分毒，病好了毒卻跑到身體裡了。難道你忘記小時候貪吃柚子糖的事情了？」

母親的抗議我無法反駁。但我不希望母親如此疲憊，決定想個辦法讓她自願放棄熬製柚子糖。用什麼辦法呢？那就找一種柚子糖的替代品。要想母親認同，替代品不僅要效果好，還要無副作用。透過網路搜尋，我發現了一款泡水喝的天然植物產品，對治療感冒咳嗽有不錯的效果。

看到還在堅持收集柚子皮的母親，我趕緊下單購買那款產品。在我收到快遞時，母親臉上露出了不屑：「就算這個不是藥，能比過我的柚子糖？你就糊弄我吧。」母親的堅持讓我知道唯有事實才能說服她。

收到產品幾天後，父親流汗脫衣服時受涼感冒了。這時母親的柚子糖還沒熬製出來，去年的也已經用完了。在母親搗弄柚子糖時，我將買來的產品切片泡水，讓父親服了下去。連喝兩次後，父親的感冒全好了。

事實擺在眼前，一貫固執的母親不得不佩服那款神奇的產品。她失落地搖搖頭：「唉！看來柚子糖真的是落後了！」

母親落寞的眼神讓我不忍就這樣抹殺了她的嗜好，我鼓勵母親道：「柚子糖很好啊！那是我小時候最喜歡的零食。要不妳想弄就弄吧？我拿來泡水喝。」

半晌，正擦拭青花瓷罐的母親才俏皮地說：「娃兒，你當媽媽傻啊？有現成的東西，我還勞心費神熬什麼柚子糖。不弄了，再也不弄了。」

望著被擦拭得煥然一新的青花瓷罐，一股香甜之味突然從記憶深處跑出來，鑽進我的嘴裡，在舌尖緩緩縈繞，久久不願離去。

母親或許不知道，其實我對柚子糖的喜歡已經深入骨髓。但我沒有告訴母親。因為她一旦知道了，受到鼓勵肯定會繼續不辭勞苦地熬製柚子糖。我不想蒼老的母親再那麼辛苦，那會讓我感到心痛。

在想念母親熬製的柚子糖時，就讓我走進夢裡吧。在夢裡，我可以肆無忌憚地讓柚子糖香甜的味道將我整個人淹沒。

拾荒的母親

王樹軍

在那枚漸黃的落葉從窗外飄過的瞬間，臨子知道這是到了這座城市季節交替的時間。這個時候臨子有了出去走走的想法。於是他默默地走出了家門。

這是一條通往他老家的路，臨子心情不好的時候就喜歡到這裡走走。一年前，他就是從這條路上騎著腳踏車帶母親來到城裡的。那時的他是多麼的意氣風發。但帶著母親來到城裡一年多了，日子始終過得捉襟見肘。臨子的家在離縣城幾十里遠的農村。他父親在世的時候，一家其樂融融，好不幸福。他父親是個生意人，一年四季趕集賣小商品。雖然賺不了大錢，但家境還算殷實。但天有不測風雲，他的父母在趕集的途中出了車禍，他父親當場斃命，他母親失去了一條腿。

那時，臨子剛大學畢業就把母親從農村接了出來。剛開始日子還是一帆風順的，他在一家網路公司上班，收入很穩定。但好景不長，公司老闆因為投資房地產失敗，把網路公司也賠了進去，臨子不得不失業。他在人才市場遊蕩了幾個星期，都沒有找到合適的工作。為了生計他只好到一家廣告公司當業務。對於他這種沒有業務經驗的人來說，這項工作沒有任何保障。因為沒有底薪，他的收入就不穩定，常常忙碌了一個月一分錢都賺不到。起初，靠著以前的積蓄他們還能維持生活，但漸漸地就入不敷出。臨子望著拄著枴杖的母親，感到從未有過的壓力。本來讓母親來城裡享福的，沒想到賺錢竟這麼難！但為了不讓母親操心，他每天還是要裝出一副幸福快樂的樣子。

臨子明白自己就是一株貧瘠土地上的樹苗，未來也只能靠自己。所以他要加倍地努力，哪怕從最底層做起。不遠處的一個建築垃圾堆引起了他的注意，裡面有很多廢棄的鋼筋頭、鐵絲以及釘子，正好可以讓他增加收入。於是他隨手找尋了起來。

不一會兒，臨子就找了十多斤。他放在地上理順了，用一些鐵絲仔細地捆了起來。他估算了一下，能賣幾塊錢，這讓他很興奮。同時他也做好了打算，以後就白天跑業務，晚上來這裡撿這些東西。雖然辛苦一些，只要賺錢就行。

漸漸地，臨子有了經驗。他把一塊磁鐵綁在木棍上，像搜尋地雷的士兵一樣，把磁鐵往建築垃圾上一放，那些金屬就會自動被吸附在上面。這樣省時省力，收穫自然也就越來越多。收入增加了，臨子對生活也就更加充滿了信心。

一次臨子跑業務時，看到了堆成山的建築垃圾。他很興奮，就圍著垃圾堆閒逛起來。沒有想到的是，當他走到垃圾堆後面的時候，竟然發現他母親在那裡用磁鐵吸著那些物品。臨子喊了聲「媽」，快步走過去，撲通一下就跪在了母親的跟前。他母親移動了一下枴杖，說：「孩子快起來，你這是幹什麼？」臨子沒動，哽咽著說：「誰讓妳來撿這個的？妳兒缺妳吃了？」他母親說：「你雖然不說，我早就知道你晚上來撿這些東西。我知道你自尊心強，也就沒有點破。我在家閒著難受，出來也是為了散心。」臨子說：「妳想散心就去公園，以後絕對不能來這裡。兒子把妳從農村帶出來，只能讓妳吃好喝好，怎麼能讓妳吃苦？」他母親說：「這怎麼算吃苦？我在農村見了柴火還撿回家呢，這些廢鐵扔在這裡也實在可惜。你快起來。」臨子說：「不管怎麼說，妳以後不能再來了，妳若不答應我就不起來。」他母親只好答應以後不來了。臨子這才站起來，走過去拍了拍他母親身上的塵土。然後一隻手提了他母親撿的那些物品，一隻手扶著他母親往回走了。

路上來來往往的人很多，臨子害怕遇到熟人。他提著那些物品，總是不停地東張西望。他母親問：「是不是有些不好意思？」臨子說：「是啊，我為什麼晚上出來撿？就是怕碰到熟人。」他母親說：「記住這種經歷會激勵你去開創自己的事業。你是大學生，只要肯動腦筋肯吃苦，一定能有出息的。」臨子使勁地點了點頭。

猜猜爸爸媽媽的晚餐

張軍霞

他們一家有四個孩子，老大老二是男孩，老三老四是女孩。孩子們從小就學習成績優異，先後考入大學，之後又像長了翅膀的小鳥一樣，都在城市成了家。他們紛紛對爸媽說：「走呀，跟我們進城去！」老倆口卻總是搖搖頭，誰家也不去，他們熟悉了山村的一草一木，更不想給孩子們添麻煩。

於是孩子們出錢翻修了老家的新房，又安裝了電腦和冷氣。每當爸媽想看看哪個孩子了，就打開電腦，透過視訊聊聊天。

孩子們平時回家不多。這次週末恰巧是老爸的生日，他們早就商量好了，要好好慶祝一番。為了給老倆口一份驚喜，調皮的老三還出了一個主意：他們分別打電話給爸媽說不能回家，然後再來一個突然襲擊。

週末上午，兄妹四個開著一輛車出發了，車上裝滿了買給爸媽的禮物，他們一路上有說有笑。汽車路過小鎮時已經十二點了，距離老家還有十幾里的路程。他們停在路邊加油時，工作人員卻對他們說：「你們不能往前走了，昨天晚上這裡下了一場暴雨，山上的石頭滾落下來把路堵死了。工人們已經開始搶修了，但是要想把路打通至少得花費一天的工夫。」

兄妹幾個立刻傻眼了：這可怎麼辦？老大說：「還是往前走走看，萬一情形沒有這樣糟呢？」可是他們走出沒多遠，就看到前面有好幾輛汽車都一動不動地趴在路邊。老二跑到前面去探路，過了一會兒他滿臉失望地回來：「路還被巨石堵著，我們今天真的回不去了。」

嬌弱的老四嚷著肚子餓，於是大家在小鎮找了家飯館吃飯。老大說：「我們不回去，爸媽一定失望透了！」老二說：「沒關係，他們本來也以為我們不回去！」老三嘆了一口氣：「難道我們真的回不去嗎？今天可是老爸的六十大壽呀！」老四搖搖頭：「這是天災，我們也沒辦法！」

吃完飯已經下午四點了，老大和老二先後跑出去看了好幾趟，路還是沒有通。下午五點，他們漸漸失去耐心，一個個變得焦慮起來。老大忽然說：「我想起來了，有一條小路可以回家。不過那是牧羊人踩出來的路，很窄，只能步行，我們去試試？」「步行？那要走一個小時吧，我們還帶著這麼多東西，太累了！」老三和老四立刻否定了這個建議。

這時老二又說：「我們說好了都不回去，爸媽晚上會做什麼飯呢？」老三說：「估計他們不會像從前那樣煮一大桌子菜，說不定只煮了一鍋粥。」老二說：「我們用手機跟爸媽視訊一下就知道了。」

老四用手機打開了視訊，爸媽很快就出現在了鏡頭裡，她故意撒嬌：「爸，我今天加班回不去，可是好想吃你和媽做的飯呀，我想看看你們今天晚上吃什麼。」爸媽一邊笑著罵她饞ㄚ頭，一邊把攝影機轉向了餐桌。

「紅燒肉！」「糖醋魚！」「山蘑燉小雞！」「地瓜麵窩頭！」兄妹幾個悄聲議論著，他們都在爸媽的餐桌上找到了自己最喜歡吃的食物。忽然他們都不再說話。又過了一會兒，老大開始默默地從汽車上往下搬東西，其他三個人跟著行動起來。

於是，那天傍晚，在從小鎮通往山村的羊腸小路上，出現了一支奇怪的隊伍：一群衣著時尚的人，紛紛挽著褲腿，提著大大小小的包裹，緩緩地行走在回家的路上……

第三章

時間呀，可不可以慢慢走

有一種親情會讓你淚流滿面

蘇潔

1

她是我幼時最恨的一個人。因為她留給我的陰影實在太深了！

六歲時，我和哥哥為爭奪一個蘋果互不相讓。就在我剛剛拿到蘋果的時候，沒想到她從屋裡旋風般地衝出來，態度蠻橫地搶下我手裡的蘋果，然後狠狠給了我一記耳光。我捂著發疼的臉頰，怒視著眼前這個凶神惡煞的人大哭起來。於是我開始暗暗地記恨她。

媽媽為了化解我對她的怨恨，對我講起我剛出生不久的一件小事：那時我幾個月大，媽媽每天抱著我坐火車去上班，然後將我送到公司裡的托兒所。一天，火車上特別擁擠，包著我的小被子被擠開了，媽媽把我放在火車椅子上準備好好包包被子。誰知偏偏在這時，一個身材健壯而又粗枝大葉的女人一屁股坐在包著我的小被上，我被壓得「嗷」地痛哭了一聲後，頓時臉色青紫，好半天才緩了過來。回家後她知道了這件事，說什麼都要把我留在家裡自己照顧。其實她已經夠累的了，既要操持繁重的家務，還要整日照顧我。她這完全是自找麻煩，何況她重男輕女不喜歡我。但她還是全心全意地照顧了我三年，直到我上幼稚園。她這麼做完全讓人想不通。

但不久後我剛剛萌生出對她的那點感激之情，也隨著一次意外而徹底地消失了。因為一件事她和媽媽之間發生了一次激烈的爭吵。這件事加劇了我內心對她的厭煩。她無比強勢和唯我獨尊的性格讓我們這個原本幸福的家庭沒有了歡樂。儘管每次吵架過後她常常後悔，也不止一次說要改改臭脾氣，但過後她又忘了。我對她可以說是既怕又煩，她還是我這個世界上最親的親人嗎？

這次吵架過後媽媽徹底地傷了心，我們一家四口毅然決然從她家裡搬出來自己過。

我以為從此可以遠離她，沒想到她還是找上門來了。原來不久後我小學畢業了，老師通知我們每人交兩百塊錢照畢業照。那時由於剛剛分家，我家的日子過得很緊張。我不願意看到父母為難，所以就沒對他們說起這件事，也決定不去照畢業照。我的一位同學跑到她家裡去找我，她才知道這件事。沒有料到的是，她來到我家裡，硬往我手裡塞了五百塊錢，一向強勢的她卻卑微得像個孩子。我拒絕了她。她小心翼翼地對我賠著笑臉說：「妞，我錯了，我檢討。別記恨我，去照相吧。」如此低聲下氣的她簡直像變了一個人。她這是關心我嗎？我又想不通了。

2

中學畢業的第一年，我沒有順利考上專科。痛哭之後我決定第二年再考。我所復讀的中學就在她家附近。

讓我意想不到的是，她主動對我說：「妞，上我家來住吧，我來照顧妳。」我詫異，她不是一向重男輕女嗎？怎麼會讓我去她那住？她帶給我內心的那道陰影隱隱還在。但媽媽勸我：「妳別記恨她，她始終是妳最親的人。她沒讀過一天書，性格又暴躁了些，但她一直是疼愛妳的。」

在她家生活的一年裡，她不但每天照料我的一日三餐，還變著花樣為我做好吃的，而且連我的衣服都不讓我洗。她總愛在我耳邊嘮嘮叨叨：「妞，好好學，別像我一樣沒讀書，讓人看不起。將來妳要考個好學校，長大有出息……」我聽了鼻子不由得一酸，眼淚差點沒流出來。看來我誤解了她，其實她一直都是關心我的，只不過我的內心一時被什麼矇蔽了。

因為我學的是幼教專業，所以按規定中師畢業只能去幼稚園工作。但我不願意去幼兒園，想去學校當老師。但這似乎有點難，這要我們這裡的局長同意才可以。可是她拍著胸脯對我說：「妞，別著急，我幫妳想辦法找工作。」但她只是大字不識一個的家庭婦女，能去找誰呢？

但她執拗地每天出去為我工作的事奔波，沒想到她真就把我的工作辦成了。原來她找到局長，和人家進行了一番至情至理的交談，談起了我爺爺的病，還談到爺爺一輩子都奮鬥在教育前線上，所以我應該頂替爺爺的班當一名老師，完成爺爺沒有完成的教育事業……她有理有據的話居然說動了這位上級，我終於如願進了學校。這件事有她很大的功勞，讓我很感激。

3

工作後，我結交了男友。但是在婚事上卻遭到了她的強烈反對。原因是她希望我找一個家裡條件優越的人，她覺得男友家裡條件不好我嫁過去會吃苦。因為我本身各方面條件都不差，她希望我一生都過得幸福美滿。但無論她怎麼苦口婆心地勸說我都執意不聽。最後一次她氣得捶胸頓足，六十多歲的老人了在我面前表現得脆弱無助。她哭得鼻涕一把淚一把，埋怨我太傻，怎麼就聽不進她的話呢？我何嘗不知道她完全是為了我好？這是我與她親情的對峙中，她生平第一次輸給我。但我作為贏的一方卻沒有感到開心，反而內心如車輪碾過一般有著劇烈的疼痛。

婚禮那天，她沒有出現在眾人面前，儘管她送給了我一份豐厚的嫁妝。不知為何我隱隱地有些失落。但是就在禮車即將啟動的時候，在一處角落裡我看見了一個非常熟悉的身影，不正是她嗎？她一邊熱切地朝著我這邊看，一邊悄悄抹眼淚，秋風吹拂著她的滿頭銀髮。她還是惦念著我，我的心頭湧動著一股如潮水般的感動。

日子匆匆而過，婚後一年我剖腹生下了女兒。當我剛從手術室回到病房時，沒想到她就拿著親手為孩子縫製的幾床小棉被，風塵僕僕地趕來看我。

看見她步履蹣跚地趕來，我「哇」的一聲大哭起來。大概是深受她的影響，我覺得生女兒有點委屈。沒想到她站在我床邊和顏悅色地勸我：「妞，哭什麼？我們不哭。生個女孩多好！女孩是媽的小棉襖。」

但她越說我哭得越厲害，弄得她眼睛裡也滿含著淚水。但她用那雙滿是老繭的大手，悄悄幫我擦去眼角不斷流淌的眼淚。難道她重男輕女的思想一下子轉變了嗎？我想不是的，她只是想好好安慰我，給予我親人般的溫暖。曾經凍結在我心頭所有的怨恨像春天裡的堅冰一樣慢慢被融化了。

4

她七十多歲的時候，爺爺的病情加重癱瘓在床。她不顧自己身體整夜整夜地守護著他，幫他按摩，餵飯……那陣子她忙得像個陀螺，蒼老了許多，連腰也更彎了。多虧了一位有高超針灸技術的醫生，讓爺爺勉強恢復了身體，能顫顫巍巍地站起來走路。說實在的，爺爺當時能康復也有她不少功勞。但有時她也改不了和爺爺爭吵的臭脾氣，往往弄得爺爺像個孩子似的痛哭不已。事後她還非常後悔，不停地埋怨自己，她就是改不了了。

去年的正月初六，爺爺突然走了，毫無徵兆。當她得知爺爺的死訊後大哭不已，吵著一定一定要在爺爺出殯那天送他。但全家人都不同意。因為我們這裡有個風俗，如果夫妻一方死亡，在出殯那天一定要把另一方的手腳用紅繩綁上。按照老一輩人的說法是怕另一方也被帶到天上去。所以我們極力反對她去為爺爺送行。

但爺爺出殯那天清晨，她一路鬧著跑到了殯儀館。她神色淒涼，滿含著淚水說她對不起爺爺，沒有照顧好他，讓他一定要原諒她。那一刻，在她的嚎啕大哭中，我覺得爺爺在天之靈也能感受到她深深的懺悔。

爺爺走了以後，她的精神徹底地不振，像個孤單的小燕一樣連樓都不下了。我想不明白，爺爺活著的時候，她幾乎是天天和他吵架，爺爺走了以後，她曾經的飛揚跋扈、蠻不講理不知哪裡去了？一夜之間她彷彿變成另外一個人，再也不大著嗓門吵吵了，一個人總是不斷地摩挲爺爺留下來的東西傷心難過。

那天，我去她家裡看望她，發現她養了一隻小鳥。她對我說：「妞，妳說奇不奇怪？妳爺爺走了沒幾天，這隻鳥就飛到我們家來了，怎麼也不走，我一抓就抓住了。」後來她居然像個孩子一樣幼稚地問我：「妞，妳說這隻鳥是不是妳爺爺變的？他知道我寂寞來陪伴我了。」我簡直哭笑不得，真佩服她的超級想像力，居然把爺爺和小鳥都連繫起來。我剛想嘲笑她，但一回頭發現她神情落寞地看著小鳥發呆，我知道她又在思念爺爺了，這讓我非常感動。我緊緊地抱住她，在她耳邊對她說：「奶奶，別傷心，妳還有我。」她眼含著熱淚點點頭。

這一刻我決定原諒她，以後要百倍地對她好。我的情感世界裡不能沒有她，她始終是我最親最親的親人。我應該親切地叫她聲「奶奶」，因為在我的親情裡她總是讓我淚流滿面。

你溫暖了我生命的歲月

蘇潔

1

那天陽光明媚，姑父陪著我在院子裡玩耍。突然他接到了一個電話，不知為什麼整個人一下子呆住了。好半天他才艱難地朝我說：「妮，妳爸去了。」我漫不經心地問：「誰去了？」姑父一時氣急，第一次朝我大聲嚷道：「妮，妳親爸去世了。」「什麼？是真的嗎？」我因一時慌亂變得有些六神無主。姑父凝重地點點頭。我的心忽地一下沉了下去，但沒哭出來。因為我親爸在我腦海中的印象已經如此模糊！

在我剛出生八個月的時候，母親就狠心拋棄了我，離家出走了。從此我親爸心灰意冷，不負責任地把還在襁褓中的我丟給了姑姑和姑父，然後跑到外地一家煤礦去打工。

其實姑父家也不富裕，因為家中還有一對兒女，日子一直過得非常拮据，但對於我的到來他還是欣喜萬分。我不曾想到，在我三歲那年，我親爸突然來到姑父家，要求把我帶走。

當時，姑父幾乎是條件反射般強硬地說道：「不准你帶走妮！」當姑姑和我親爸用驚訝的目光看著他時，他才察覺話有些不妥。他的眼眶突然泛起了紅，囁嚅道：「妮還小，讓她在我家再多待幾年吧，等她上學了你再接也不遲。」但我親爸卻極力反對：「這幾年我賺了些錢，是接妮去城裡享福的。妮讓你們添了不少麻煩，我心裡也非常過意不去。」姑父和姑姑再也不好說什麼了。

萬般無奈，姑父眼淚汪汪地看著親爸抱走我。但姑夫剛走出去幾步我便放聲痛哭，然後揮舞著一雙肉乎乎的小手眼巴巴地望著他，聲嘶力竭道：「我不走，快抱我回去！」姑父抑制不住傷心，背過身去悄悄地抹起了眼淚。後來聽姑姑談起：我走後的那天晚上，姑父躺在床上一直唉聲嘆氣，一夜未睡。

但第二天他們就聽說了一個令人震撼的消息：原來我親爸狠心把我賣給了鄰村一戶沒有孩子的人家，拿著賣我的五千塊錢跑了。

姑父和姑姑聽後肺差點被氣炸，匆匆趕到那戶人家，好說歹說人家終於同意讓他們抱我回去，但必須退回那五千塊錢。姑姑有些猶豫，期期艾艾地對姑夫說：「孩子他爸，要不等過些天湊夠錢再說吧？」但姑父卻斬釘截鐵地說：「還等什麼等？就是賣血我也要贖回妮。」姑父一狠心立即賣掉了家中唯一值錢的耕牛，這才抱回我。但第二年春種的時候，聽說沒有耕牛他累得差點吐血。因此村子裡的很多人都說姑父太傻了！為了沒有血緣的孩子實在不值得這麼做。

2

幸福的日子總是那麼短暫，在我十五歲那年，姑姑因為一場車禍撒手人寰。而此時備受打擊的姑父傷心欲絕，一夜之間幾乎白了頭。那晚在安葬完姑姑後，我們都睡下了，他一個人躲在屋子裡捧著姑姑的遺像嚎啕大哭，並發誓這輩子絕不讓我們再受一點委屈，也不會再幫我們找後媽。

這時有人勸姑父：老婆都不在了，應該送走我。要不把我送到親爸或是叔伯那裡，畢竟我們沒有一點血緣關係。但姑父卻搖著頭拒絕了。

姑姑死後的第三年，一個噩耗突然傳來，我親爸死於一場礦難。沒想到緊跟著一筆「鉅款」從天而降，說這是「鉅款」一點也不過分，因為整整三十萬。這是礦裡給我親爸的撫卹金，按照法律規定應當由我來繼承。沒想到就是這筆「鉅款」引來了一場軒然大波。

一天，家裡突然來了兩個不速之客，原來他們是我這些年從沒謀過面的二叔和大伯。我猜不透他們是來做什麼的，但讓我感到意外的是原來他們這次是想接我走的。但姑父不答應。隨後他們為爭我的監護權激烈地爭吵起來，每個人都爭得面紅耳赤，但似乎誰也說服不了誰。

說起他們很可笑吧，沒有那筆「鉅款」時，他們不曾想到看看我；現在我有錢了，他們又找上門來，其中的目的不言而喻。

但在這時叔伯二人卻把姑父告上了法庭，並要求接管我的監護權。

而姑父在這場爭奪我的官司中處於下風。因為他的確不具備監護我的權利。姑父不僅和我沒有血緣關係，甚至和姑姑都沒領過結婚證書，也不是合法夫妻。

聽村裡人說，原來姑姑是姑父的嫂子。當年姑父的哥哥在一雙兒女不大時就因病去世了。後來姑父在旁人極力撮合下，也為了照顧哥哥留下的一對兒女，忍痛和戀人分了手，然後毅然和姑姑生活在了一起，承擔起照顧這個家的全部重任。

在法律上姑父想成為我真正的監護人有些說不通，於是為了我的事情他整日四處奔走，鞋不知磨破了幾雙。那天姑父疲憊不堪地返家，沒多久倒在床上睡著了。我心疼他，悄悄地給他脫掉鞋，發現姑父的腳底卻是一個個血淋淋的水泡。我的心為之一顫，眼淚情不自禁地流了下來。

3

沒想到一波未平一波又起，村子裡又流傳出了更加不利於姑父的流言。有人說他收養我的動機不純。很快流言越傳越凶，人們在他背後紛紛指指點點。我知道姑父貌似乎靜，但是把所有痛苦都埋在了心裡。我恨那些製造流言的人，簡直太可惡了！為了利益，不惜往姑父身上造謠。

我怎麼都不會想到，為了打破流言，姑父居然違反了自己的不婚原則，他在一個月之內趕了時髦——閃婚了。而令所有人大吃一驚的是，新娘是鄰村溫柔善良的離婚女人，居然大了他整整十二歲。那天姑父把身著紅衣的她帶到我面前，微笑著說：「妮，這是妳的新媽媽，她一定會好好待你的。」我低著頭一直沉默不語，但內心卻翻江倒海，為姑父感到不值。其實如果不是為了維護我的聲譽和清白，他應該能找到個更年輕漂亮的女人。我難過得嚶嚶地哭。姑父慌了，趕緊用一雙滿是老繭的大手幫我擦眼淚，不安地說：「妮，我們又是一個完整的家了，妳應該感到開心。」但姑父和我叔伯那場官司還沒有結果。

誰知這時突然出現了一個女人，她讓這場戰爭變得白熱化！她不是別人，正是我那個離家出走長達十多年的親媽。在法庭上我第一次看見了她——一個十分漂亮的女人。在看見我的那一刻，她黯淡的眼睛呼的一下亮了起來，眼裡滿是疼愛。然後她伸出雙手，熱切地朝著我撲過來，喃喃道：「女兒，讓媽媽抱抱，這些年我好想妳！」我一點心理準備都沒有，感覺這個人很陌生，然後我一個靈巧地閃身朝旁邊躲開了。她滿是期待的眼神瞬間像熄滅的電燈一樣黯淡下來，伸出的兩隻手無力地落了下來，臉上浮現出一副失落的神情。

接著她在法庭上聲淚俱下陳述了這些年對我的思念以及愧疚，儘管這些年她是「身不由己」地不能前來看我。因為當初她是被別人拐賣到這裡來的，然後又在毫不情願的情況下嫁給我親爸，幾次想跑都未能如願，一直等到我出生，在我八個月時，她才抓住一個機會逃跑了。

其實不管她不能來看我的理由多麼充分，但我想這些年她哪怕是給我一個最小的安慰，或是一個最簡短的電話，都能讓我記起有個媽媽，但這些都沒有，讓我心寒。因此我拒絕認她。我的「狠心」讓她終於忍不住放聲大哭，似乎要在淚水中找回這十多年對我的虧欠和愛。

後來她又多次帶著很多禮物到家裡找我，想讓我原諒她，無一例外地我都拒絕了。沒想到這時姑父反過來說服我：「妮，再怎麼說她都是妳親媽，妳跟著她走我放心，現在她誠心誠意地來接妳了，妳和她走吧。」

但我卻倔強地搖著頭說：「不，我沒有親媽，在這個世界上我只有你這個爸。」姑父愣了一下，接著感動得老淚縱橫。我一頭撲進他懷裡一個勁地幫他擦眼淚並告訴他：我哪也不去，永遠也不會離開他的！

4

就在姑父左右為難的時候，我親媽卻突然改變了主意。因為我冷酷地拒絕了她，她帶不走我，居然要和姑父談判。

談判的最終結果讓所有人感到詫異，這個口口聲聲說想念我的女人竟提出這樣的要求：給她五萬塊錢，她馬上退出這場官司。因為她不能白生我一回，這點錢算是一點補償。她的話夠冷漠，也夠耐人尋味！這不僅嚴重傷害到了我，更令姑父無比氣憤。沒想到我親媽也是衝著那筆「鉅款」來的。姑父表示不會和她和解，更不會給她一分錢，因為被金錢矇住了眼睛的她根本不配做我的媽媽。

好在公道自在人心，不久後法院終於做出了公正的判決：姑父是我唯一合法的監護人。其實他除了是我的姑父，也是一直疼愛我的爸。而那筆屬於我的「鉅款」將有專門部門為我統一保管，讓我合理安排。姑父這才露出了久違的笑容。

法庭裡我們父女緊緊地擁抱在了一起，忍不住喜極而泣……

對兄弟的另一種解讀

王國民

1

那個炎熱的夏天，我正在教室裡上課，忽然門口傳來急促的聲音：「鄧老師，找你的，急事！」我的心一震，粉筆掉了下來。我來不及對學生解釋，匆匆跑進辦公室。我接起電話，聽到父親的聲音：「富貴，你弟弟的報告已經出來了，比預想的要嚴重，你要做好心理準備。」我的心一沉。弟弟這些年來已經受了很多苦，我原以為他能從此平平安安的，沒想到命運還是如此地捉弄他。

我吸口氣盡量使自己平靜下來。等父親說完後，我說：「醫藥費我去籌，你們先瞞著他，能瞞多久是多久，我不想在這節骨眼上出事。」父親也在電話裡長長嘆了口氣，我能感受到他心中隱藏的辛酸和無奈。

我找了個安靜的角落撥通弟弟的電話。響了幾分鐘他才接，他興奮地說：「哥，你猜我在幹什麼？我在搬新家呢！我把你送我的那些畫都掛上了，可漂亮了！你看了一定會高興的。」

我強裝歡笑：「那就好，那就好。還沒照婚紗照吧？找個高級一點的地方，不要擔心錢的事，重要的是要弄得體面、大氣。」他笑了：「哥，你真好。」我強忍眼淚：「傻瓜，我就你這麼一個弟弟，我不對你好對誰好？」我怕那不爭氣的眼淚落下來，飛快說了聲拜拜，趕快放下電話。我面對著牆嚎啕大哭。

我不敢告訴新婚在即的弟弟，他患的是晚期尿毒症。醫生說他這種腎源很難找，就是找到了，光換腎的治療費就不下二十萬……

2

我不是他的親哥。對他來說我一直是個入侵者。

父親告訴我：他是在一片廢墟旁撿到我的，當時的我已經奄奄一息，去了幾家醫院都被拒收。父親抱著試試看的心態，帶我去中醫那弄了幾服草藥。也許是命不該絕，半個月後我竟然奇蹟般好起來了。算命的說我天庭飽滿，幼年飽受災難，長大後勢必大紅大紫。父親也對此深信不疑，於是為我取了個小名：富貴。

我進門的時候，他就坐在搖籃裡看著我，一臉的敵意。慢慢地，他能走路了，能說話了，可是我們間的隔閡也越來越深。因為我使他在家倒像個外人。我在家做飯，他直接衝過來，我本能地抓緊鍋鏟說：「你來做什麼？」他一臉豪氣：「我不想被人看不起。」我只好鬆開手。他一口氣端了六個碗。卻不想被門檻絆了一下，他整個人趴在地上，碎片濺得到處都是。

父母回到家，他就惡人先告狀。我從不知道一個人的臉皮能厚到那種地步，明明是他自己逞強，犯了錯卻推得一乾二淨。

我沒說話，只是默默地扒著飯。我不想把事情弄大。但他越來越恨我。他的話沒有可信度。他在家裡就只會搗亂。初次見他的人都會笑吟吟地說：「你看這孩子，眉清目秀的，將來長大了有福氣。」但和他待過的人都會捂著鼻子走開，誰也不願意惹他。

兒童節那天，父親說帶我們到公園去照相。喊了他半天，都沒有人應。我去催他，掀開棉被卻發現他一攤爛泥似的癱在床上，口吐白沫。醫生說他是中毒了，經過緊急搶救他才撿回一條命。因為貪吃鄰居家的花生，他趁著別人不在的時候偷偷摸進去，卻錯把塗了老鼠藥的花生當成了美味。

我們又拿了幾服藥。回到家他就靜靜地躺在床上，不吵也不鬧。父親說：「這半個月來，家裡難得有這麼清閒的日子。」他低著頭不敢反駁。

終於可以下床了，父親讓我背著他到處轉轉。在半路上遇到同學，我說：「這是我弟。」沒想到他竟從背上滑下來：「才不是呢，你是野生的，你不是我哥，我也不是你弟！」

3

他讀幼稚園時因為太調皮，半個月內老師就家訪了好幾回。最後父親只得帶他轉了學。五歲時，他開始和同學打架；六歲時，他用凳子砸破了別人的頭；七歲時，他被學校勒令轉學；八歲時，為了報復班導，他竟然尾隨班導，把尿撒在班導的房門上；九歲時，他再次被學校開出轉學的通知……整個小學他讀了七年，換了四個學校。每年他都是學校裡最不受歡迎的學生，同學們最討厭的同學。

十三歲時他讀初一。因為個子高，每次排座位，他都只有享受坐門旁的「特殊待遇」。其實他也想和那些傑出學生一起坐在前面，他跟老師說過他也想進步。只是老師用輕蔑又怪異的眼光看著他，那神情和看外星怪物沒什麼兩樣。他的自尊心受到了嚴重的打擊。他開始無休止地逃課，最嚴重的時候，一週都沒有看見他的人影。

開始班導還會告訴父親，次數多了也就由他了。有次班導把我喊過去，當著我的面對他說：「來不來上課，都隨你！只是如果你因為無聊而進教室的話，我只有一個小小的請求，請不要影響別人。」

十五歲那年，他逃課到河邊游泳。突然聽到不遠處傳來小孩喊救命的聲音，有人失足落水了。他毫不猶豫地朝事發地游了過去。小孩得救了，電視臺的記者也聞到風聲過來採訪。小孩家長更是趕到學校，把一面鮮紅的錦旗送了過來。

學校為他舉辦了表揚，他站在三千多人面前樂得手舞足蹈。那是我十七年以來，頭一次看見他那麼高興。我突然發現他的個子長得比我還高。只是他的手上、腿上都是傷痕。我的心狠狠痛了一陣，這時我決定要好好引導他。這十多年他走了不少彎路，好不容易折回來，我不能讓他再學壞了。雖然他從沒喊過我哥，但多年來的相處，已經把我們緊緊扣在一起。一直以來，他都是我生命中最親的人。

而父親在接過錦旗的時候，早已熱淚盈眶。也許到這個時候，他才明白，跟他血脈相連的兒子，並不是一無是處。從此他不再逃學，成績也慢慢提上來了。他開始策劃自己美好的未來。

我讀高三時，家裡遭受了嚴重的打擊。先是母親失業，接著父親也遇到車禍住進醫院。為了幫父親治病，我們已經是家徒四壁，負債累累。他跟父親說，他不想讀書了。得知這個消息，我詫異萬分。我的弟弟在做這個決定的前一天，還在憧憬著他的大學夢。去問他時，他卻一臉平靜：「我什麼時候說過這話？你還不知道嗎？我最討厭的就是讀書，現在我一心想的就是賺錢，賺錢！」

不論我如何勸說，他都決定不再上學了。很快，在叔叔的引薦下，他來到東莞的一家鞋廠上班，下班後他還兼職替幾家工廠送礦泉水。拿到薪水的第一天，他打電話給父親：「兩萬元薪資，我全寄回家了。爸，這些年我讓你操碎了心，我對不起你。但是現在，我——你的兒子要自豪地告訴你，我已經長大了，我不再是一個只懂破壞的蛀蟲了。」瘸腿的父親，站在電話的這頭，激動得淚流滿面。

後來，他嫌薪資低，換到工地上做事去了。雖然很累，但薪資很高。這樣的日子，一直持續到我大三。三年的時間，他被歲月磨練成一個飽經風霜的男人。大四，我實習的公司就在他的城市。我按照他留的地址去找他。在工地上，他聽見我喊他，跑過來緊緊抓著我的手，驚訝而興奮地說：「你什麼時候來的？怎麼不讓我去接你？」

我說：「我剛來就想過來看看你。這些年你受苦了，想到我一直都在花你的錢，我就覺得羞愧。弟！我對不起你啊。」他的眼淚一下子就來了：「哥，你不要說見外的話，都是一家人。說實話，我用了十五年的時間來恨你，到最後我才發現，自從你進門的那刻起我們的命運就捆在了一起，再也無法分離。所以我從不後悔當初做過的那個決定。」

我沒說話，抱著他淚流滿面。那是他第一次喊我哥。

4

畢業後，我回到自己的城市擔任教師。他也跟著回來了。他說這二十年來都沒和我好好相處過，他不想再離開我了。他的決定讓父母很高興。他們說：「富貴，你弟為了這個家受了太多的苦，操了太多的心。今後你要好好照顧他，擔起做哥的這個責任。」我連連點頭：「這是應該的。」

他雖然學歷不高，但社會經驗豐富。他常說：「幫別人工作還不如自己當老闆。」他這句話念叨了六年，而如今終於成了現實。經過仔細考察研究，他決定在我公司旁邊開家滷味店，他說那樣可以天天和我一起吃飯、聊天、睡覺。很快，他有了女朋友，全家人也在為他張羅婚事。我們都以為他已苦盡甘來，沒想到不幸還是降臨在他身上……

同事和學生都跑了出來，看到我這個堅強的老師跑到牆角邊痛哭，他們感到很驚訝。可是我又怎麼能控制自己呢？這些年，他為了我，為了這個家，一直都在拚命地透支體力，吃沒吃好，睡沒睡好。這一切本應該由我這個大哥來承擔，不想，我們卻顛倒了位置。

哭過了，也覺得累了。我強裝鎮定地起身回家和父親商量起對策來。也許是因為弟弟的善良，也許是被他的故事打動，弟弟的女友並沒有離開他，反而答應暫時一起瞞著他。

婚禮如期舉行。閃爍的霓虹燈下，這邊是一襲燕尾服的他，對面是婀娜多姿的新娘。我端著酒杯望著他，淚水不斷地流出來。彷彿過了一個世紀，他終於抱緊了新娘。我一口喝乾杯裡的酒，心中暗暗發誓：弟，這輩子我欠你的，在有生之年我一定還給你。

5

結婚一個月後，他不得不住進醫院。醫生說他百分之八十的腎已經壞死，現在只有剩下的百分之二十在維持生命。如果不換腎將有生命危險。也許是感覺到了死亡即將來臨，他連續幾天都沒有睡覺。我一進來他便緊緊抱著我說：「哥，我可能活不長久了，你一定要好好孝順爸媽。」我的眼淚一下子來了，我哭泣著安慰他：「弟，不要哭，只要有哥在你就不會有事。就算是砸鍋賣鐵，哥哥也會治好你的病。」

我們幾乎是動員了所有的親戚，在教師節的那天早上，一起去醫院做驗血。檢驗報告卻顯示只有我和父親的腎有可能與他符合。不容多想，我要去捐腎。父親卻猶豫，他說他都一把年紀了，無所謂，但我還年輕，還有很長的路要走。再說我也不是他親生的，不需要擔這個風險。

我以辭職來威脅他們，不許父母這樣做。可那天下午父親還是背著我去醫院做了進一步檢查，只是結果沒有如他願。無奈父親只好把希望寄託在我的身上。也許是天意，結果是高解析度配型，完全符合要求。

手術前的那天晚上，我在門口看見他正拚命衝向窗口，他的女友死命地拖著他。但女友力氣太弱，差點就讓他移到窗口。我大喊了一聲：「弟。」跑過去死死拽住：「你這是何苦呢？你死了，誰來照顧爸爸媽媽啊？」他滿臉淚水：「哥，我是一個要死的人了，我不想再連累你了。真的，再說你也不是我親哥。我知道你願意為我捐腎，就已經感到很幸福了，可是我不想害你一生啊。」

我緊緊抱住他：「傻弟弟，不要再說這種話了。自從我進這個家起，我們的命運就緊緊連繫在一起了。要死我陪你死，要生我也會竭盡全力地救你啊！」

手術如期進行。我從病床上醒來，得知自己的腎臟已經在弟弟體內正常執行。我再也控制不住自己的情緒，放聲大哭。我知道我那飽經苦難的弟弟，終於能笑著迎來他人生的第二春了……

父親，我是你心中永遠的痛

王國軍

自我記事起，我就一直沒有見過母親。據旁人說，她厭倦了山村裡的窮日子，連聲招呼也沒打就走了。父親卻從沒責怪過母親，他常在酒後感嘆：「兒啊，都是我不好。我沒錢替你媽治病，她才丟下我們走的。」

那幾年的日子糟透了。家裡除了我之外，還有一個弟弟和一個妹妹。父親為了湊齊我們的學費，日以繼夜地到處打零工。他捨不得吃，捨不得穿，頭上的白髮越添越多。

初三畢業那年，我和比我小一歲的弟弟同時考上了明星高中，但家裡的經濟情況只能供一個人繼續上學，這意味著我和弟弟必須有一個人輟學。所以當我和弟弟同時把錄取通知書拿回家時，父親只是瞟了一眼，臉上沒有絲毫的激動。

晚飯後，父親把我叫到廚房。他什麼話也沒說，只是長長地嘆著氣。從父親冷漠的表情裡我知道我落選了，我也讀到了什麼叫做「殘酷」。我恨他把我從通向大學的路上拉了回來。我在心裡叫喊著：為什麼是我？但我沒吭聲，也沒反抗。我只是流著眼淚，掏出通知書，撕了個粉碎，任那飛舞的碎片在他面前飄落。我擦了擦眼睛，走回房間。

弟弟迎上來想說些什麼，被我推開。我鑽進被窩，把自己罩得嚴嚴實實。我再次流淚，我覺得自己被父親遺棄了，我是個沒有人愛的孩子。我痛恨我的父親，痛恨他的無情。

第二天，我離開家，一個人到了另一個城市。我開始到處撿破爛，餓了，就撿人家丟棄的食物。累了，就縮著身子在牆角裡瞇一陣。就這樣過了一個月，手頭上稍有些錢了，我便開始進一些報紙在火車站兜售。我被人打過，搶過，但我依然堅持著。

在整整三年的時間裡，我只回去過兩次。每次我都默默地把存的一些錢交到父親手裡，然後轉身就走。父親也想留我吃頓飯，但他分明知道在我心裡只有對他的恨。所以我每次回來，他總是默默地跟在後頭，吸著劣質的紙菸，劇烈地咳嗽著。然而一切都喚不回我對他的依戀。我只是想：多年前父親便把我遺棄了，我只是一個被抽空血液的軀殼，沒有愛，也沒有靈魂。

我經常做夢，結局總是我還沉浸在夢鄉裡就被兩行冰涼的眼淚驚醒。我並不記恨弟弟妹妹，我之所以忍受這麼多的苦，就是讓他們都能上大學，圓我這輩子都無法實現的大學夢。

很快弟弟被大學錄取，妹妹也考上了一所明星高中。家裡的錢也越發拮据了。於是我又到外地打工。憑我這幾年的闖蕩經驗，我順利地找到一個攤位做起了買賣舊書的生意。利潤很大，生意也紅火。

在外地混得久了，朋友也多了。不久之後我放棄擺舊書攤，和朋友做起了跑運輸的業務。因為我們比較重信譽，生意也越做越大。慢慢地我有了錢，不再愁溫飽。但沒有上大學的疼痛卻越來越強烈，我對父親的恨也越來越重。那是一種刻骨銘心、撕心裂肺的痛。

父親來看過我一次，他走了一百公里路，千辛萬苦找到我們公司，還為我帶來了一雙棉鞋和一些臘魚、臘肉。父親一邊喘著粗氣，一邊說：「兒啊……」但我不等他說完，便冷冷地打斷他：「我不需要這些，你以後不用再來看我。」看見父親含著眼淚默默地走了，我心裡湧起一絲莫名的傷感。

弟弟也常來看我，每次我都會拿出一疊鈔票給他，而他只是從中取一兩張就說夠了。每次離開時他都說：「爸讓我轉告你，其實他很想你，希望你有空回去。」但我對自己說：在我的字典裡，早就沒有了「父親」這個詞，而且永遠也不會有。

六年後，我們的業務越做越大，在很多地方都建立了連鎖店，我也有了自己的房子和車子。弟弟做了一家外商公司的經理，妹妹在一所高中學校裡教書。聽妹妹說，每次過年父親都會留一個位置給我，一副碗筷，然後說著一些莫名其妙的話，說到最後還傷心地哭。

聽到這裡，我轉過了身，發覺臉上有溼溼的東西滾動下來。

一天，妹妹突然一臉沉重地跑來找我。我說：「有啥事就說，等一下我還要去澳門簽合約呢。」妹妹說：「爸快不行了，想見你最後一面。」我心裡猛地一顫，卻還是猶豫。以前的傷痛讓我此時不知如何面對他，確切地說，是沒有勇氣面對曾經和他的種種。

妹妹看了我一眼繼續說：「我也是前幾天才聽隔壁的四公公說的，其實我和二哥都是父親領養的，你才是他的親生兒子。我和二哥出生後不久，家鄉發了洪水，結果我們的親生父母被大水沖走了。爸過來救人的時候，在漂流的澡盆裡發現了我們……」

我像是被雷電擊中一般，感覺整個世界都在我眼前翻轉，兒時的事在我眼前一幕幕閃過……父親並沒有把我遺棄，自始至終也沒有。當面臨艱難抉擇時，他想到的不是自己的孩子而是別人的孩子！這是多麼崇高而浩蕩的父愛！而我呢？任憑無知的自己一次又一次地把父親推向絕望的深淵，也把自己推向懸崖。

我立即取消了去澳門的行程，和妹妹匆匆趕回家。我在心底不停地祈禱，祈求上天能多給父親一點時間，好讓我能在他寬闊的胸懷裡一訴我的懺悔。可是我終究還是晚了。我趕到的時候，父親已永遠閉上了他的雙眼。

我跪在他冰冷的身旁，一遍又一遍地磕著頭，一聲又一聲地呼喚：「爸！爸……兒不孝……你醒醒……兒回來啦……兒來晚了……」任憑我如何呼喚，父親不會再醒。他永遠地離開了他眷戀的這個世界，離開了他久久眷戀的親情，離開了他決絕而遲悟的親生兒子。當我終於讀懂了父親時，卻不再有福氣享受那份隱藏至深的愛，

哪怕是見上他老人家最後一面。父親！兒子是你心中永遠的痛。

未曾頓悟已經年

李良旭

中學畢業後，我被父親送到城市一個雜貨店裡當學徒，雜貨店老闆是他的同鄉。父親一再叮囑我：「在那裡要好好做，等過兩年你出師了，就幫你找個女孩子結婚，你再把握時間生個孩子，好為這個家傳宗接代。」父親說到這些時眼睛裡閃爍著興奮和激動的光芒。

我默默地將桌上的課本裝進書包裡，然後背起書包跟著父親走出家門。父親發現了，回過頭疑惑地問：「你還帶那些書本做什麼？你是去當學徒，不是去上學！」

我的臉一下子紅了，父親的話觸痛了我。聯考落榜後，我一直心有不甘，想過兩年再去

考一次。

看著父親疑惑的目光，我鼓起勇氣說：「我在店裡沒事的時候翻翻。」

雜貨店位於大街中央，店裡只有兩三個員工。父親將我帶到一個五十多歲的人面前，讓我叫他一聲師傅。然後父親滿臉堆笑地對他說：「我將孩子帶來了，孩子年紀小，不懂事，以後請您多擔待。」

師傅將我上上下下打量一番，又伸出手在我的肩膀上拍了拍，像是驗收貨物，說道：「身材是嬌嫩點，會打算盤嗎？」我輕輕地答道：「小學的時候，在學校學過。」他又說：「那好，沒事的時候在櫃檯裡把算盤練練，在我這裡必須要學會打算盤。」我木訥地點點頭。父親又輕輕交代了我幾句後就走了。

陽光斜照進店鋪刺得人眼睛發痛，灰塵在陽光下四處飛舞。

一個四五歲的小姑娘手裡拿著一個小風車，咯咯地笑著跑了進來，店裡的氣氛頓時活躍起來。小姑娘一眼就看見了我，她用手指著我問大家：「他是誰？我怎麼沒見過？」店裡的人告訴她：「這是新來的店員，你應該叫他大哥哥！」

小姑娘聽了，馬上走到我跟前，仰起臉，甜甜地喊了聲：「大哥哥好！」聲音又響又脆，像百靈鳥在歌唱。這是一個多麼可愛的小姑娘啊！她有著烏溜溜的像黑葡萄一樣的大眼睛、忽閃忽閃的長睫毛、圓圓的像大蘋果一樣的小臉蛋。小姑娘甜甜的問候像一縷陽光照進了我心裡。長這麼大，還是第一次有人這麼親切地叫我。我俯下身子，笑嘻嘻地招呼道：「小妹妹，你好啊！」

聽店裡的員工說，珍珍的爸爸在她很小的時候，就因一起交通事故不幸去世。幸虧珍珍媽憑藉做麵點的手藝在街市上開了一個早點攤，母女倆相依為命，日子才一天天走過來。

不知為何，我對母女二人的命運多了一份牽掛。我很想為她們母女倆做些什麼。每當教珍珍畫畫時，我都格外認真。珍珍的悟性很高，學得也很好。

有次我看到珍珍媽咳嗽得越來越厲害，捂著胸口，樣子很痛苦，我勸她：「怎麼不去醫院看看？」

珍珍媽悽然一笑：「現在不行，珍珍還太小。不過看到她和你在一起很快樂，我很開心。」說罷，她好像還有什麼話要說，卻沒說出口。

看到她眼裡閃過一絲晶瑩，我心頭一沉，感到空氣有些沉悶。

轉眼，我在這雜貨店當學徒已經兩年。我向師傅請了幾天假，再一次去參加聯考。聯考結束後，我又回到了雜貨店。剛一進店我就發現正在抽泣的珍珍，眼睛都哭腫了，幾個店員正哄著她。珍珍看到我，喊了一聲：「大哥哥！」就一下子撲了過來。她緊緊地抱著我的腿，生怕我跑掉似的。我忙蹲下來，用手不停地擦拭她的淚水，問道：「怎麼啦？珍珍，哭得這麼傷心？」店員悲傷地告訴我：「珍珍媽因乳腺癌去世了，現在只剩下她一個人了，這孩子可怎麼辦呀？」

我大吃一驚：「怎麼會這樣？」店員說：「其實珍珍媽早就知道自己身體有問題，因為看病要花很多錢，所以她一直隱瞞著，不去看病，想等到珍珍長大。可是她還是倒下了，這一倒就再也沒能醒過來。」我這才想起珍珍媽經常咳嗽，還用手捂著胸口。原來那時她就已經病得很重了。我緊緊地摟著珍珍，哽咽道：「別難過，以後就讓大哥哥來保護你。」珍珍懂事地「嗯」了一聲，然後又輕輕地抽泣著……

一個月後，我收到了聯考錄取通知書。我默默地收拾好行李，帶著珍珍告別了那個生活了兩年的雜貨店。

父親看到我帶著一個小姑娘回來，驚訝地問道：「這丫頭是誰？」我悶聲悶氣地說道：「是您孫女！」父親驚訝得合不攏嘴：「我什麼時候有這麼大的孫女？」我笑道：「您不是早就要我成家，再讓您抱個大孫子嗎？這不就有了嗎？」

父親越聽越糊塗，他看了看珍珍，又看了看我，眨著眼睛：「小子，不對呀，你離開我也就兩年時間，不可能有這麼大的一個小孩啊？」我拉著父親坐下，將這兩年在雜貨店發生的事，一五一十地告訴他。父親聽完沉默了好長時間，眼睛紅紅的。他握住珍珍的小手說了一句：「真是個苦命的孩子！」珍珍抬起頭，輕輕地叫了聲：「爺爺！」父親親熱地答道：「哎，我的好孫女！」然後將珍珍緊緊地摟在懷裡……

到了去大學報到的時候，我對父親說：「珍珍就交給您了，好好把她帶大，不要虧待她。」父親揮了揮手說：「放心吧，我會把珍珍當作親孫女一樣帶大的。」

大學畢業後，我在一座偏遠的城市找了一份工作。每月一發薪資，我第一件事是寄錢回家。珍珍已經上中學了，她成績很好，平時還喜歡畫畫。她說以後也要報考我上的那所大學，將來還要陪我一起過日子。

我有些生氣，這丫頭怎麼這麼說話？哥哥幫助妹妹是應該的，怎麼能說以後陪我一起過日子？我打電話責備珍珍，叫她不要胡思亂想。這丫頭還在電話裡跟我嘻嘻哈哈，根本不當回事。

終於珍珍考上了大學。沒有了這些年來的擔憂和壓力，我如釋重負。

她來我工作的城市看望我。真是女大十八變，越變越好看。幾年不見，珍珍已出落成一個大美女了：高挑的個子，健美的身材，白皙的皮膚，水汪汪的大眼睛。我差點兒認不出她來。

她還像小時候一樣調皮，在公司走廊一見到我就驚喜地衝過來，喊了聲「哥」後，在眾目睽睽之下緊緊地抱著我。她睜著大大的眼睛，心疼地說道：「哥，你有了許多白髮，這都是為我操心的啊，以後讓我好好照顧你吧！」

我費了好大的勁才掙脫了她的雙手，這時我的臉早就紅到脖頸了。我板著臉告訴她：「珍珍，妳有嫂子了。以後見了我，不許再這樣沒大沒小，讓嫂子看見了不好。」

珍珍一下子愣在那，緊緊地盯著我。過了許久，她眼睛裡滾動著晶瑩的淚花，憤怒地說了句：「我不理你了！你一點也不懂我的心。」說完，頭也不回地跑了。望著她遠去的背影，我的眼裡也噙滿了淚水。

我從抽屜裡拿出醫院診斷報告看了看，然後塞進口袋。接著我向公司遞了辭呈。我打算去到一個偏遠的小山村，在那裡一邊治療，一邊在小學教孩子們唸書。

珍珍還很年輕，她將來會有更美好的生活和愛情。我離開她是為了更好地保護她、珍惜她。愛不僅僅是獲取，更重要的是能讓對方更加幸福和快樂。

未曾頓悟已經年。在那個動盪不安的年代我們相識，從此我們的生命也有了交集。如果要說錯在哪，只能說錯在沒有在彼此最美好的年華裡相逢。

生命的自我修行

李良旭

1

上大學時，郝強和我是上下鋪的室友。因為共同的興趣和愛好，我們成了無話不談的好哥們，形影不離。

畢業後，我們分隔兩地工作。有一天，郝強突然來看我。令我感到吃驚的是他一臉倦容，而且比以前瘦了一大圈，完全不是我想像中的樣子。聽了他的解釋，我才知道這幾年發生在他身上的事。

一段時間，郝強總是感到心力交瘁，身後好像有一隻手用力地推著他往前走，一刻也停不下來，終於他累倒了。到醫院檢查時，醫生嚴肅地告訴他，他的血壓、胃、心臟都有很嚴重的問題，必須馬上住院治療，否則留給他的時間不多了。

他並沒有怨天尤人。他十分冷靜地辦了辭職手續，在人們訝異和不解的目光中，離開了那個令人羨慕的職位。

他也沒有聽從醫生的勸告去住院治療，而是告別家人，告別那座城市，獨自去西北山區一所貧困小學做了一名志工。

郝強從小的理想就是當一名教師，後來陰錯陽差，他走上了政途。郝強說孩提時的那個夢想，一直像火一樣在他的內心燃燒，從沒有熄滅。他常常夢到自己走上講臺，為孩子們上課。孩子們眸子裡充滿著無限的憧憬。那一幕多麼溫馨。

他說當醫生告訴他身患重病，需要馬上住院治療時，他竟感到一種久違的輕鬆。他說是時候徹底告別以往的生活了，他要聽從內心的召喚，開始自己夢想的生活。哪怕生命的時間十分短暫，他也會感到幸福。

2

終於郝強背起行囊，顛簸輾轉，來到了那所貧困的山區小學。眼前的景象深深地震撼了他：這裡僅僅有兩個固定的老教師，年輕人因受不了惡劣的生活環境，沒做多久就走了。每天天還沒亮的時候，孩子們就翻山越嶺地去上學，中午，孩子們吃從家裡帶的窩窩頭，喝從井裡打上來的涼水，下午三點鐘就放學，不然天一黑，孩子們看不見回家的路。下雨時，孩子們身上沾了一層泥水，像個泥猴子；大冬天，有的孩子還穿著塑膠涼鞋，小手小腳被凍得通紅。

他感到十分焦慮，想和時間賽跑，想多做一點實事。於是他和孩子們一起，整出了一塊空場地，搭起了兩個簡易乒乓球檯。他用自己的積蓄買了乒乓球拍、足球、羽毛球和跳繩……他爭取到村委會的支持，建起了一所學校食堂，解決了學生午飯問題。為了替學生增加營養，他還養了兩頭豬、幾隻雞，開闢了五塊菜園子。孩子們從家裡帶來了菜籽，他種上了青菜、蘿蔔……

他教孩子國語、數學、英語、電腦、體育……幾乎所有的課程。孩子們的視野開闊了，他們看到了大山外面的世界。那裡的世界令他們充滿了憧憬和希望，他們的臉上露出燦爛的笑容。和孩子們在一起，郝強感到自己像換了一個人，心情也變得輕鬆、愉快。

孩子們把他當作自己最信賴的親人，有什麼煩惱和痛苦、歡樂和喜悅都愛向他傾訴。大家的信任給了他力量和勇氣，讓他感到生命是如此燦爛和美好。這是一種他從未有過的生命體驗。

有幾個孩子因家庭條件不允許先後輟學。郝強翻山越嶺，挨家逐戶地拜訪，向家長們講述知識的重要性。在他一次次的上門做工作的過程中，家長們深受感動，又將孩子們送進了學校。孩子們的臉上又露出了燦爛的笑容。

3

三年過去了，在他教的第一批學生中，有三十八個孩子考上了縣中學，十二個孩子上了鎮中學。沒有孩子失學成為這所小學成立以來最好的成績。

他臉上肆意流淌著淚水。那是幸福的淚水，那是激動的淚水，那是感動的淚水……

送走了孩子，他才想起自己身上的那些病。他驚訝地發現，那些病並沒有再折磨他，而他也有了更多的時間去做想做的事。他有些感動。

他又來到醫院檢查，醫生驚訝地發現他身上的各項指標已趨於正常。醫生疑惑地問他，是在哪裡治療的，怎麼療效這麼好？

他沒有馬上回答，而是站起身走到窗前，眺望著遙遠的山巒。不知不覺地，他的眼裡泛上了一層晶瑩的淚花。只聽他深情地說道：「生命是一種修行，我聽從內心的一種呼喚，開始了一種全新的生活。也許正是這種新的生活、新的人生，才使我漸漸地恢復健康。」

醫生聽後靜靜地看著他，若有所思地點了點頭，說道：「從醫學角度，我很難解釋你身體康復的原因，但你這句『生命是一種修行』說得非常好。只有把生命作為一種修行，才能不斷地完善自己、改善自己。我想從某種角度上講，這也許是你身體漸漸康復的一個重要原因。」

告別醫生，他又來到了大山裡的那所貧困小學。他的心早已屬於那片大山。在他離開的那些日子，孩子們天天站在山頭眺望，許多孩子的眼睛裡噙滿了淚水。當他又出現在孩子們的眼前時，孩子們歡呼著、跳躍著從山頭跑下來。那歡快的聲音，在層層山巒裡久久地迴響著……

4

我專程去那所山區小學看望郝強。我去時，看到他正帶領孩子們舉行升旗儀式。在嘹亮的國旗歌中，一面鮮豔的國旗在旗桿上冉冉升起，郝強和孩子們仰望著國旗，臉上露出無限的驕傲和崇敬。正在附近工作的村民們聽到校園裡傳出來的國歌，也都一個個地停下了手上的工作，直起身向校園這邊注視著，臉上同樣露出無限的嚮往和崇敬。

郝強帶著我參觀他的學校，學校共有八十多個學生，分多個年級。在簡陋的教室裡學生們學習依舊很認真。他還帶我參觀學校的食堂，我看到食堂很乾淨，全是不鏽鋼餐具，午餐有蘿蔔燒肉、番茄炒雞蛋、青菜和拌黃瓜等。他的妻子正穿著白袍在食堂裡忙碌著。

在這裡我和他們一起生活了幾個星期。不知不覺中，我也深深地愛上了這裡。大山裡吹來一縷縷清新的風，吹散了我心中的陰霾……

郝強說得不錯，生命是一場自我的修行。每時每刻，我們都應該不斷地自我完善、自我修煉、自我修行。這樣生命才會綻放出美麗的光芒。在這裡短短的幾個星期的體驗，讓我對生命有了一種更加深刻的認知和感悟。

我告別了郝強，告別了大山，告別了那些清純質樸的孩子。驀然間，我發現我對這裡也變得那麼留戀、那麼不捨。我的一顆心似乎也留在了這裡……

郝強，我想對你說：也許有一天，我也會來到這裡，把根扎下來。我們還會做一對好兄弟，這種友情也會在這裡延續下去……

紅色的五月，黑色的六月

流冰

在父親病情反覆惡化的那段日子，母親曾經多次跟我講，父親一定要等到我結婚之後才安心上路。

五月十八日，是我的婚期。

哥哥、姐姐和母親都提前一天趕到小城，遺憾的是父親沒有來。大哥遞給我父親捎來的十萬元現金說：「父親說明天客人多，事情複雜，千頭萬緒。他身體不好就不再來給你添亂了。」

我握著這些錢心裡有些難受，鼻子酸酸的。我知道父親一定很想過來看看，他盼這一天已經很久了。

新婚的第三天，我便偕妻回老家看望父親。父親前一天就從大哥那兒得信，今天一早他就拄著柺杖在路邊張望，一見到我們就慌亂地轉過身去，踉踉蹌蹌地踏過門檻邁進屋去，邊走邊招呼裡面的人：「回來了，回來了。」於是屋裡的人聞聲迎上前來，接包的接包，牽手的牽手，圍著新娘子問這問那。而唯獨被冷落在一邊的父親顯得有些手足無措：「進屋說進屋說，老堵著門口幹嘛？」

晚飯的時候，父親端起了他那久違的酒杯。我陪著父親喝酒。父親的氣色一直很好，精神也很好，藉著酒勁他的話也多了起來。父親講：「家也成了，欠下的錢明年春天湊齊還給人家。持家過日子不比單身漢，錢要省著花，說不定明年就是人上人了，要有心理準備。你現在是有家有口的人了，大事小事要讓著對方，我和你媽幾十年如一日和和氣氣過來了，憑著就是這一點……」

父親絮絮叨叨地講了許多，既有對往昔的回首，又有對我的叮嚀。我始終沒有走開，我覺得能陪父親坐坐，喝兩杯酒，聽聽他的嘮叨，便是為兒對七旬老人最大的孝心了。

短暫的婚假轉眼即逝。我回小城那天，父親送我，身體顯得更加佝僂。我想陪父親說說話，但他一言不發，始終不肯看我。走至巷口時，我禁不住又回頭看了一眼，父親依然站在那裡靜立不動，但是淚掛雙頰。

在這之前，父親的一切於我而言都平淡得不值一提。但此時父親的淚水又如此洶湧，如此明朗地提醒我：這份愛意，這份牽掛，我再也不能視若無睹，不予理會，不加珍惜了。回小城上班後的每一個夜晚，我都會夢到父親臉上掛著淚水的畫面。

果不其然，第五天上午，我就接到大哥從老家打來的電話。撂下話筒，我便慌慌張張地趕回老家。

父親躺在小鎮醫院的病床上昏迷不醒，他消瘦的臉龐在日光燈的照射下顯得更加蒼白。我靜靜地坐在床邊，握著父親綿軟無力的手，想起兒時擠在他身後的我，就像暖暖日頭下一隻靠著牆邊晒太陽的小貓兒。如今小貓長大了，但山牆已岌岌可危。我伏下身輕輕地呼喚父親，父親卻沒理我，淚水就這樣悄悄打溼了我的臉頰。子夜時分，父親終於醒過來，很費力地歪過頭來看我，嘴唇動了動卻什麼也沒有說出來。我趕緊湊上前去，父親將眼睛閉上說：「爸不行了……」緊接著是一陣無力的急咳，我連忙托起父親的上身說：「爸，咳吧。咳出來會好受些。」父親努力了一陣子，但他身體太弱，加上痰的黏度過濃，最終還是沒能咳出來。看父親氣喘吁吁，十分難受的樣子，我伏下身去，將嘴唇貼近父親的嘴唇。父親扭過臉去無聲地拒絕。我只好將衛生紙揉成團狀，伸進他的嘴裡慢慢地轉動，父親似乎很慌亂，動了動卻未能如願。待我將父親的口腔清理乾淨後，父親好像很難為情地說：「兒子，讓你噁心了。」我說：「爸，瞧你說的。」這個時候我看見父親緊閉著的眼睛周圍已是一片潮溼了。我伸手幫他拭去，父親笑了笑，無奈又苦澀。

六月十七日黃昏，小鎮的天空降下冰冷冷的小雨，父親那單薄的身軀在鮮花和綠葉的陪伴下，緩緩飄出了我們的視野。父親走得十分安詳，除了他眼瞼下印著的那兩道淚痕之外，大家看不出他一絲苦痛的跡象，他的嘴角邊似乎流露出一絲淺淺的笑意。大家都捨不得退了老屋，更不忍心去挪動屋內的擺設。我們都有同一種感覺：父親又去出差了，我們就像兒時一樣，依然會用一種甜美的心情去盼，去等，無論多遠，多久。

父親的愛裡有片海

陳振林

我從海邊回到「金海岸」小屋的時候，已經是下午五點多鐘。我是從海邊回來的最後一批人。其實昨天我就可以回來的，要不是為了多拍幾張「海韻」照片，讓我那些還沒見過海的學生長長見識，我不會在海邊多待一會。從前天開始，廣播、電視、報紙等媒體就釋出消息說大後天將會有颱風登陸。昨天大多數的遊人返回了市區，今天只剩下少數遊人。而且所有剩下的遊人都手忙腳亂地收拾著行李，準備馬上離開。

「金海岸」是個六面都被厚鐵皮包圍的小屋，只有朝海的那面開了個小門。這也許是經歷過暴風雨的人對小屋的最佳設計。小屋裡有些簡單的生活設施可以供人們使用。小屋很有特色，前天我還專門為它拍了幾張照片。小屋離海邊最近也要一個多小時，到海邊遊玩的人們會在這裡休息一下。

天總是陰沉著臉，像隨時要發怒似的。要不是「金海岸」的小老闆開著一臺收音機，這「金海岸」早就沒有了一絲活力。在旅遊旺季，「金海岸」周圍那是人山人海，不比繁華市區的人少。

「這鐵板做成的金海岸也幫不了大家，大家快收拾東西回市中心，躲進厚實的飯店裡去吧。」那小老闆不停地大聲叫著。

人們各顧各地收著東西，很少有人說話。我的東西很少，早已被我收拾妥當。忽然我看見前方有兩個人，他們可能是父子，父親有四十幾歲的樣子，兒子也不過十來歲。父子倆一動不動，孩子無力地倚在大人身邊。父親提著個紙袋子，裡面只有一條毛巾和一個瓶子。可是他們一點也不驚慌，彷彿明天即將到來的颱風與他們毫無關係。

「父子倆吧？」我走過去搭腔，父親點了點頭，算是回答。

「收拾收拾，我們一起走吧。」我說，「我是耐不住寂寞的一個人。」我又說。

父子倆沒有作聲，父親只對我笑了笑，卻沒有回答。我想他們是對我心存戒備吧。

「您說，明天真的有颱風？」過了一會兒，那個父親盯著我問。我重重地點了點頭。他的臉上的神情滿是失望。

還有一個多小時汽車司機才能來接我們回市區。人們都拿出早就準備好的食物來填飽咕咕叫的肚子。我也拿出了我的食物：一隻全雞，一袋餅乾，兩罐啤酒。

「一起吃吧？」我對他們兩人說。「不了。我們吃過了。」那父親說著揚了揚紙袋子裡的瓶子，那是一瓶榨菜，現在只剩下一小半。

我開始吃雞腿，那父親轉過頭去看遠處的人們。兒子的喉結卻開始不停地嚅動，吞著唾沫。我這才仔細地觀察孩子，瘦得皮包骨頭的他偎在父親身旁，遠看就像是隻猴子。我知道孩子肯定是餓了，就撕過一隻雞腿遞給了孩子。父親忙轉過臉來對我說了聲「謝謝」，我又遞過一隻雞翅給那父親，父親不好意思地接在手裡。等到兒子吃完了雞腿，父親又將雞翅遞給兒子。兒子沒有說話，接過雞翅往父親嘴裡送。父親象徵性地舔了下，算是吃了一口，兒子這才放心地吃雞翅。

我忙又遞給父親幾塊餅乾說：「吃吧，不吃身體會垮掉的。」父親這才把餅乾放進嘴裡，滿懷感激地看著我，又開口問：「您說明天真的會有颱風？」

「是呀，前天開始廣播、電視和報紙就在說，你不知道？」我說。父親不再作聲了，臉上的陰霾更濃了。

「你不想回去了？」我問。

父親長長地嘆了一口氣，說：「怎麼能回去呢？」他的眼角有幾顆清淚溢位。

「怎麼了？」

「孩子最喜歡海，孩子要看海呀。」他拭去了眼角的淚，生怕我看見似的。

「這有什麼問題？以後還可以來的。」我安慰他說。

「您不知道，」父親對我說，「這孩子今年十六歲了，看上去卻只有十歲。就是十歲那年他被檢查出來有白血病。六年了，前兩年我和他媽媽還可以四處借錢為他化療，維持孩子的生命。可是一個鄉下人，又有多大的能耐呢？該借的地方都借了，只能讓孩子就這樣拖著。前年，他媽媽說出去打工賺錢，但到現在還沒有消息。孩子就這樣跟著我，他知道我們在一起的時日不長了，他就對我說：『爸，我想去看看大海。』父子連心，我感覺到孩子會在這兩天離開我，於是我賣掉了家裡的最後一點東西，湊了點車費來到這座城市，又到了這海邊小屋。眼看就能滿足孩子看海的心願了，可是，可是……」父親哭了起來，聲音很低沉。

「不管怎麼樣，還是先回去再說吧。」我勸道。

「不！我一定要讓孩子看到海。」父親堅定地說。

接遊人的汽車來了，遊人們爭著上了汽車。我忙去拉父子倆，父親雖然連說謝謝，卻緊緊摟著兒子，一動不動。但是我不得不走。我遞給那父親三千塊錢後，在汽車開動的剎那也上了汽車。我想也許還有一班車能把他們帶回來。到了市區，司機告訴我這就是最後一班車。我後悔起來，真該強迫父子倆上車的。但又想起父親臉上的神情，我想恐怕也是徒勞。給了三千塊錢，似乎讓我心安理得，但那三千塊錢又有什麼用呢？

當晚，我在飯店的房間裡坐臥不安，我唯有祈禱：明天的風暴遲些來吧。

然而，大自然總是無情的。第二天，颱風如期而至。我聽著房間外呼嘯的風聲和樹木的倒地聲，心裡冷得厲害。我心裡還惦記著那父子倆。

颱風過後，我就要回到我的小城去上班。回城之前，我查到了「金海岸」小屋的電話號碼，我想知道那父子倆到底怎麼樣了。到下午的時候，電話才打通。「金海岸」的小老闆還記得我。我問起那父子，小老闆說：「風暴來的當天，父子倆還是去了海邊，不過幸好他們及時地返回了小屋。就在颱風來的時候，那瘦瘦的孩子躺在父親的懷裡，永遠地閉上了眼睛，臉上洋溢著幸福的笑容……」我拿著電話，怔怔地站在那裡。窗外，雲淡風輕，被暴風雨洗禮之後的天空竟是如此的美麗！

風中讀詩的男孩

王舉芳

男孩十來歲的樣子，站在風口，雙手努力捏住一張紙在讀著什麼。風聲太大，且逆風，把紙吹得嘩嘩響。我聽不清男孩讀的內容，只看見他的嘴一張一合，神情那麼專注認真，像在朗讀一篇入心的詩文。

好些天，男孩都站在風口讀手中紙上的文字，他那單薄的身影，稚嫩的小臉，嚴肅的神情，讓我生出無限猜想。我極想聽清楚他在讀什麼，但我不能靠近他，不能打擾屬於他的小小世界和幸福時刻。我知道人在專注於一件事的時候，心裡是溫暖的，美好的。

一天清早，我看見一個老年人站在男孩身後，欲言又止，最後不捨地離去。中午，我看見一個年輕女子領著蹣跚學步的孩子站在男孩身後，靜靜地聽男孩誦讀，還用手輕拭眼角。黃昏，我看見一個老太太站在男孩身後，夕陽照在她的身上。她站在那裡一動不動，像一座雕像。

一個飄著毛毛雨的下午，我撐著傘下樓向男孩走去。在離他兩公尺左右的地方，我停住腳步，目不轉睛地望著他。雨滴凝成的水珠落在男孩的頭髮上，折射著光，像晨曦中草尖上的露珠，清澈、晶瑩。男孩還在讀著紙上的字。而我除了聽到風聲雨聲，沒有聽到一點男孩誦讀的聲音。我的心裡充滿了疑問。我像一隻輕巧的貓邁動腳步，慢慢地靠近他。

「小南，下雨了。別讀了，我們回家吧。」那個老太太喊他。老太太看到我，露出慈祥的笑容，像我的母親一樣。

男孩太專注，沒聽到老太太的話。老太太用手輕輕戳了一下男孩手中的紙，男孩停止了誦讀，抬頭望著老太太。老太太輕撫去男孩頭髮上的雨滴，牽著他的手，向附近的一個居民社區走去。我的心莫名地多了幾絲傷感。

接下來的幾天，我都沒看見風口中的那個男孩。我站在窗邊使勁地張望，連個影子也沒有。我的心裡滿是失落。因為少了男孩，風口處的一切都顯得那麼孤獨。我站在風口學著男孩的樣子，無聲地誦讀著……

忽然，男孩出現在我面前，望著我靦腆地笑。我像等待久違的故人般，一下把男孩摟在了懷裡。冷靜下來後，我不好意思地望著男孩。男孩倒表現得十分坦然。

「你叫小南是嗎？你在讀什麼？能給我看看嗎？」我看著男孩手中的紙。男孩點點頭，把紙遞給我，上面是手寫的幾行字：「凱風自南，吹彼棘心。棘心夭夭，母氏劬勞。凱風自南，吹彼棘薪。母氏聖善，我無令人。爰有寒泉？在浚之下。有子七人，母氏勞苦。睍睆黃鳥，載好其音。有子七人，莫慰母心。」我知道這是《詩經》中的〈凱風〉。這首詩是讚美母親的辛勤、勞苦、明理的美德，還表達了孩子不成器難以回報母親，難以寬慰慈母之心而慚愧不安的心情。

男孩接過我手中的紙，站在風口，讀了起來。他的嘴一張一合，我依舊沒聽到他的聲音。「到這邊坐坐吧。」那個老太太對我說，「小南在為他媽媽讀詩。這個孩子小小年紀，卻很懂事。前幾天他生病了，在醫院也沒有停止給媽媽讀詩。」

「他媽媽呢？」

「在南方的一個偏遠山區支援教育。」

「小南為什麼非要站在風口讀詩？」

「他告訴我，風有翅膀，能把他的聲音傳到媽媽耳朵裡。」

「小南的媽媽是我的女兒。六年前她被查出得了子宮癌，她決絕地離婚後，一個人跑到山區支援教育。這些年病魔好像忘記了折磨她，她總說是孩子們給了她第二次生命，所以她要把自己的一生奉獻給孩子們。但就在不久前，一場特大暴雨引發的土石流席捲了她所在的小學。她的身子躬成船狀護著身下的孩子，她自己被砸暈了，到現在還沒醒來。醫生說親人的呼喚也許能喚醒她，小南就每天為媽媽讀詩。這首詩是我女兒教給他的，也是我女兒……最……喜歡的……」老太太說著泣不成聲。

稍後，老太太用力擦擦眼中的淚，喉嚨裡使勁吞嚥著什麼，好像要把所有的悲傷都吞到肚子裡去。

「小南是我女兒初到南方支援教育那年，收養的聾啞棄兒。」

我的淚再也控制不住了。我努力平復著自己的情緒，然後走到小南身邊，與他一起大聲念著：「凱風自南，吹彼棘心……」

用雲朵織成的藍圍巾

王舉芳

他坐在窗前抬頭望著天上的雲，一團一團，像潔白的棉花。他忽然想：用雲朵一樣的棉花織成的圍巾一定很暖和。他想像著她圍上圍巾時溫暖又幸福的樣子，不禁笑了。

他在網上發了一則文字，尋找可以幫他織圍巾的人。但一直沒有人回應。他有些著急了，因為她的生日越來越近。

一個星期後，有人回了他的訊息：「織什麼樣的圍巾呢？」他趕緊把自己的想法說了出來。那人又回覆說：「圍巾送給誰呢？」他對回訊息的人說「我們私聊吧。」一番交談後，回覆訊息的人欣然答應幫他織圍巾，而且分文不收。他非常感動，覺得胸膛像覆蓋著一團棉花一樣溫暖。

十一年前，他還是個十三歲的少年，無憂無慮地感受著世間的溫暖，渾然不知惡魔已悄悄向他靠近。初冬上午，天氣透著清寒。他正在學校上課，突然全身失去知覺，渾身好像觸電般麻木，一碰就椎心地疼。父親接到訊息匆忙趕來，趕緊把他送到了醫院。經過一系列的檢查和專家會診後，他被確診患了頸椎脊髓血管瘤。血管瘤壓迫到神經，導致脖子以下都沒有了知覺。

突如其來的變故，讓小小年紀的他感到絕望，也讓父親有些慌亂，不知所措。父子倆對視著，都強忍著不讓眼淚流下來。她匆匆來到醫院，對愁容滿面的父子倆說：「不管再苦再難，我們都要把孩子的病治好。」她的態度是那樣的堅決。

治病需要錢，父親不得不去打工。她獨自一人承擔起帶他治病的重擔。經過一場脊椎減壓手術後，他的雙手和胸部慢慢有了知覺。這讓她欣喜萬分。她不停地為他按摩，日夜陪在他的病床前，睏了就在醫院走廊的長條椅上瞇一會兒。

她聽說城市有一位針灸技術高超的中醫，心想或許能治好他的病。她立刻花了三千塊錢買來一輛舊三輪車。城市處處高樓林立，道路縱橫交錯，不認識路的她手持一張地圖，推著他暈頭轉向地走在街上。下坡時，疲憊不堪的她雙手緊緊拉住三輪車，但他的體重超過她很多，三輪車飛速下滑，最後翻倒了。她用盡渾身力氣扶他起來，心疼地撫摸著他被擦破的手說：「我真是太沒用了。」他拂去她臉上的淚水：「是我拖累你了。」兩個人抱頭痛哭，而後擦乾眼淚，繼續向前走。

不到十里路，三輪車翻了兩次。他們走了整整一個上午，終於找到了那個知名的專家。

專家診斷過後，對她說：「要康復的希望幾乎為零。」她聽了，眼淚瞬間決堤。即使這樣，她也絲毫沒有放棄他的念頭，她對他說：「只要今天比昨天好，哪怕是好一點點，就有希望。」

二〇〇七年，她發現自己懷孕了，但沒有放在心上。只要她聽說哪裡能夠治好他的病，就毫不猶豫地推他出門。過度的勞累，加上營養不良，導致她的孩子流產了。他知道後，用手捶打自己，恨自己把她害得這樣苦。

在她的精心照料下，他的身體漸漸好轉。二〇一〇年，他自己能夠從床上坐起來，隨後在她的攙扶下，竟然奇蹟般地能拄著枴杖慢慢挪動了。望著她憔悴的面容，他想：「現在我病情好轉了，不能再讓她那樣辛苦。」但他只有右手兩根手指能正常活動，左思右想，他打算做網購客服。她得知他的想法後，很支持他，爽快地向親戚借錢為他購買了電腦。

一個月後，老闆發了三百元的薪資給他。雖然不多，但這是他完全憑著自己的能力賺來的，他非常高興。十多年來，她一直為他付出和操勞。他想用自己賺來的第一筆錢為她買份禮物，表達他當兒子的孝心。三歲時他的親媽去世，作為繼母的她卻對他那樣好，親媽在也不過如此。

藍圍巾寄來了，長長的絨毛線密密地連在一起，像一團藍色的雲，手指輕觸，就能感受到它的溫暖。她圍著藍圍巾，溫暖瞬間融化了她所有的辛酸。十一年，四千零九天，她將母愛毫不保留地給了非親生的兒子。她沒有一句怨言，像一條圍巾一樣為兒子驅趕寒意。

現在他能夠自食其力了。他對她說：「媽媽，妳不是說想去看看大海嗎？妳生日那天，我們一家人一起去看海，好不好？」她點頭同意。

蔚藍的大海邊，海風吹拂著她的藍圍巾。快樂和幸福似浪花，在他們面前輕輕翻湧。繼母的愛似白雲，化成雨，潤澤兒子苦難的生命，讓他枯木般的人生逢遇春天。繼母的愛似大海，博大到可以化解任何苦難。

第四章

心心念念，最牽掛的是你

那年冬天的雪花

劉萬里

那年冬天很冷，雪花下得很大。

他背著書包，踩著積雪朝學校走去。突然他不想去學校了，因為作業沒做完，到了學校會受到老師的責罵。於是他決定逃學去網咖。網咖是二十四小時營業的，他坐在網咖角落裡玩CS，一直到放學時間才回家。

回家後他想到作業沒做，一定又會被老師罵，乾脆一不做二不休，明天繼續去網咖玩。他騙母親：「學校要交三百元補課費。」母親嘆了一口氣：「學校整天跟家長要錢，不是這個錢就是那個錢。」母親嘴上雖然這麼說，但還是毫不猶豫地掏錢給他。他又偷偷用母親的手機以家長的口吻發簡訊給老師請假，說他生病需請假一週。

每天他依舊按照上學時間準時起床，然後背著書包去網咖，一直玩到放學時間才回家。就這樣他連續十天待在網咖，直到班導打電話問他的病情，母親才知道他有一週多沒去學校。母親立即問他，他如實交代。母親很實在，又如實把情況告訴班導，班導聽了非常生氣，讓她第二天帶著孩子來學校。

第二天，他不安地跟著母親來到了學校。班導說：「他逃學去網咖，而且又撒謊，這種情節非常惡劣，按照學校規章制度，要被記過或者開除。」母親知道了事情的嚴重性，苦苦哀求老師：「你看這樣行不行？我去醫院幫孩子開個證明，就說孩子確實生病了。」班導認真地說：「妳這不是造假嗎？我已經上報教導處，妳先把孩子帶回去等學校通知吧。」他在班上調皮搗蛋，每次考試都是最後一名，大家都不喜歡他。母親知道老師想要放棄他，免得他拖全班的後腿。母親幾乎要跪下來：「老師，求求你，給他一次機會吧。」班導說：「我做不了主。」

母親只好帶著他回家。每天母親看著別的孩子背著書包去學校，她就非常著急。她忍不住打電話給班導，態度低聲下氣。她好話說盡，班導還是一再說等學校通知。

一週後，母親接到了班導的電話：「學校為了整頓校風，決定把妳孩子開除。明天來學校辦手續。」接完電話，母親突然大哭起來，生氣打了他兩巴掌：「你看你，才十三歲就被學校開除了，今後你該怎麼辦？」

他意識到了問題的嚴重性，捂著臉哭起來。母親一夜之間好像老了許多，連續幾天都沒心情吃飯。

一週後，母親說：「你爸失業了，現在替人家當保全。我薪資不高，公司也快倒閉了。你去社會闖蕩吧，我們要求不高，你只要能顧住自己的溫飽就行。我幫你聯繫了一家汽修店，你替人家當洗車擦車的小工吧。」他點了點頭。

他跟在母親身後，踩著積雪，雪地上留下一串串腳印。兩人都沒說話，只有雪花漫天飛舞。有幾朵飄進了他的嘴裡，他嘗到一股淡淡的苦味……

他們來到汽修店門前，一個人走了過來，母親對他說：「我把他帶來了。」老闆打量了他一眼說：「好，現在你就可以上班了，去把那輛車擦乾淨，要擦得一塵不染。」他走過去端起一盆水，擰了一下抹布，水冰冷刺骨，他咬牙堅持著。

母親抹著淚，轉身離開。

老闆脾氣暴躁，動不動就罵他打他。他每天早出晚歸，做的工作又髒又累，回家後倒床就睡。做了兩個月，他的雙手乾裂，嘴唇脫皮，腳也起了凍瘡，身上還有被老闆用棍子打的傷痕。看到背著書包上學的學生，他非常羨慕。這些日子，他突然長大了，明白了還是上學好。

一天，母親問：「你還想上學嗎？」他說：「想。」母親說：「那就好，我重新幫你詢問了一所學校。」他又重新回到了課堂。在學習上他非常刻苦，改掉了一切壞毛病。國中畢業，他考上了明星高中。三年後，他考上了國立大學。

那年寒假大雪紛飛，他回家路過那家汽修店，老闆見了他說：「你母親真是偉大的母親。當年你到我店裡打工，我店本來不缺人，是你母親苦苦求我，我才答應的。而我給你的薪資，就是你母親給的，我只是轉手給你而已。你母親還讓我打你，她這樣做都是為你好……」

他眼裡突然噙滿了淚水。迎著雪花，他加快了腳步，只想快點回家。

他知道母親一定在家等著他……他就是現在的我。

女兒，女兒

陳振林

老劉家二十五年前走失的女兒紅紅回家了。

這消息像長了翅膀一樣，一會就傳遍了整個村子。二十五年前的一個下午，老劉家三歲的女兒紅紅在村東頭玩耍，突然像人間蒸發一樣，不見了蹤影。兩口子找了幾年都沒找著。後來有了兒子小波，兩口子才漸漸地從悲傷中走出來。

這些天劉大媽一直臥病在床。還不到六十歲的她身子骨卻不怎麼硬朗，像個藥罐子一樣長年吃藥。前幾天，劉大媽的胃病又犯了。老劉頭陪著她看醫生，醫生說這病很嚴重，隨時可能發生意外。老倆口知道這話什麼意思，一回到家，劉大媽的病好像更重了，臥病在床。老劉頭慌忙將老伴送去醫院，鎮上醫生建議送到縣醫院。到了縣醫院，老劉頭二話不說就為劉大媽掛號，讓她住院。劉大媽拉著老頭的手說：「孩子他爸，其實我也知道我的病。但我還有個心病，你還記得二十五年前我們家走失的女兒嗎？要是我在閉上眼之前能見到她，那該多好。孩子他爸，你再找找，看看能不能找到我們的女兒……」老劉頭的眼淚差點流出來，他使勁地點了點頭，走出門打電話給在省城的兒子小波。小波去年大學畢業，剛開始工作。

沒想到喜從天降，二十五年前走失的女兒就在這節骨眼上被找回來了。

劉大媽高興得了不得，一下子就下了病床，直嚷著要回家，說不想讓女兒在醫院裡見到母親。老劉頭拗不過劉大媽，急急忙忙辦了出院手續，把她拉回了家。不一會兒，就有一輛麵包車開到了家門口，從車上先下來的是小波，然後走下來個女子。劉大媽不用細看就知道她是紅紅。那眉眼，那手臂，那腿腳，她做媽的怎麼會認不出？

紅紅走過來，和劉大媽緊緊地擁抱在一起。兩個人都哭成了淚人兒。

紅紅從進門就一直拉著劉大媽的手。坐下後，紅紅送給她一件羽絨服。劉大媽一試，很是合身。紅紅就笑了：「知母莫若女，媽，女兒還會買更多更好的衣服給您。」劉大媽臉上綻開了花。紅紅又端過一盆熱水說要給母親洗腳。劉大媽連聲說「不行不行」，但沒有拗過紅紅。鄰居們見了都羨慕得不得了，說還是有女兒好。惹得劉大媽的眼淚又出來了，笑著說：「是的是的，還真是有女兒好。」晚上，母女倆睡在一張床上，聊個不停，像說不完似的。

第二天，紅紅下廚房說要做頓飯給母親。老劉頭兩口子直誇女兒孝順。小波說：「媽，姐當年讓人販子搶走了，後來被賣給一戶姓王的人家，這戶人家對姐好，就當她是親生女兒一樣，供她上學。現在在外地的一個小城工作。這次是請了假回家的，說好了回家五天。」

「那我們還真得感謝那姓王的人家。」劉大媽說。老劉頭就問：「那我們用什麼感謝人家？」兒子忙說：「爹，媽，姐是我們家的親生女兒，也是人家的養女。兩頭都不能斷的。」

五天的時間很快就到了，老劉頭捨不得女兒走，劉大媽更是依依不捨，但是女兒得回去工作。臨走的那晚，劉大媽叫來紅紅：「女兒啊，這次見到妳，媽的病也好了許多。下次媽和妳團聚不知是什麼時候。這樣吧，讓媽也為妳洗一次腳吧。」紅紅是做女兒的，當然不會答應，向弟弟小波求救。小波說：「也行吧，讓媽給妳洗一次腳。」

小波也要上班，要和紅紅一起走。老劉頭老倆口將姐弟倆送到了鎮上，看著汽車走得沒了影子，才回家來。

女兒找到了，劉大媽的身體也好多了，也不再抱怨身體不舒服，但是，她又多了一句掛在嘴邊的話：「我們的好女兒紅紅不知什麼時候能回家看我們，我真想我們的女兒。」老劉頭也想，但是他將這種念想埋在自己心裡。

他們一想女兒，女兒就真的回來了。剛過去一個星期，紅紅又來看他們。這回是她一個人來的，兒子小波沒有一塊回來。紅紅買了很多好吃的食物給媽媽。劉大媽只在電視上見過北京的糖葫蘆，就希望能嘗嘗味道，想不到女兒買回來了。老倆口享受著女兒帶來的幸福，樂得合不攏嘴。兩天後，紅紅又要回去上班了，老倆口又是依依不捨。紅紅就說：「爸，媽，我是您的女兒，我一有時間就會回來的。」就這樣，每隔上十來天，有時時間更短，紅紅就會回來看看老劉頭倆口子。這一天，紅紅又回來了，買來了一套健身器材給爸媽。這可是村子裡的第一套器材，大家都跑來看，連聲說：「還是老劉家的女兒好啊。我們的女兒沒這麼有孝心。」

一聽這話，老劉頭想起了兒子小波。小波自從上次和紅紅一塊回家後，三個多月了，一次也沒回家來看看。老劉頭偷偷地撥了電話給兒子。兒子小波聽說後，忙放下手中的事，坐車從省城趕了回來。

小波一回家，就將老劉頭拉到了一邊問：「爹，姐在這三個月回來了幾次？在家生活了多少天？」老劉頭有些生氣：「你小子不回來看我們不說，你姐回來了你還這樣來問，你先問問你自己吧。我告訴你吧，我和你媽都記著呢。這三個月裡，你姐一共回家八次，在家裡住了十九天，幫我們買了三次衣服，四次家用品，一次健身器材，比你小子強多了……」老劉頭一下子像個機關槍一樣說個不停，小波也不辯解。他找了個機會，將紅紅拉住：「我想和妳說會話。」小波先從自己的錢包裡掏出錢，數了數遞給紅紅：「這是三千塊錢，給妳。算是這八次的酬謝。按照當初我們說好的，我請你來做我媽的女兒，一天一百元，十九天一千九百元，剩下的算作你買東西的錢吧，不夠的話我再給你……」

紅紅怔在了那兒，好大一會兒才慢慢地伸出了手，接住小波遞過來的錢。

下午吃飯的時候，大家發現紅紅不見了。老劉頭打不通她的電話，他和劉大媽找遍了村子也沒找著。最後老劉頭在劉大媽的枕頭上發現了一疊錢，還有一封長長的信。老劉頭一把拉過小波，大聲問：「你說，這到底是怎麼回事？」小波說：「爹，媽，你們不用找了，我知道紅紅走了。」小波拿過那封信，唸給老倆口聽：「親愛的爸、媽，我多麼希望我能這樣親熱地叫你們，我不是你們的女兒，但你們待我勝過了親生兒女。三個月前，你們的兒子小波在網路上發了求助文章，希望有人能做他母親的女兒，只做五天就行了。酬勞是一天一百元，我就報了名，成了你們的女兒。在那五天裡，我真正感受到了做女兒的快樂。媽，您和我談話，為我洗腳。於是，從第一次離開的那天起，我就暗暗地下了決心，要做您真正的女兒。

所以這三個月來，只要我有休息時間，我就回來看看你們。我在省城的一個外商公司上班，月薪四萬多元，所以我不是圖錢。在我心裡，你們就是我的爸媽。在我很小的時候，我媽就去世了，我爸也在去年離開了我。現在我的身邊只有一個疼愛我的男朋友。我渴望得到一份真正的父愛母愛，可是小波卻用錢將我擊倒了……我只能選擇離開……」

小波手中的信還沒有唸完，劉大媽就衝了過來：「兒子，你賠我女兒，你賠我女兒……」

老劉頭拉住了老伴，安慰說：「老婆子啊，你也用不著責怪兒子。在第一次女兒回家時，妳不就知道紅紅是個假女兒嗎？她離開的那個晚上，妳給她洗腳，妳知道我們的女兒右腳後跟有顆大大的黑痣，可是回來的女兒沒有。這肯定是個假女兒啊……」

「不！」劉大媽聲音更大了，「她就是我們的女兒，比我們的親生女兒還要親。雖然她腳底沒有那顆黑痣，但她有一顆向著父親母親的心。兒子啊，你無論如何要替我們找到女兒……」老劉頭眼裡也滿是淚水。

劉大媽更起勁了，大聲地叫喊著：「紅紅，我的女兒，快回家來啊！」

村子東頭，他們看見遠處有個人影在晃動。劉大媽高興極了：「走，我們一起去迎接我們的女兒吧。」三個人一起向村子東頭跑去……

不是每一朵花開都需要理由

王國民

1 結怨

我之所以跟她結怨，是因為她動了母親留給我的一個布娃娃。那一年，母親剛剛去世不久，父親帶了一個年輕女人回家。那個女人打扮得花枝招展，看起來不像正經人。

我和弟弟正在客廳裡做作業。女人一來，父親就讓我們喊雪阿姨，我和弟弟都鄙夷地轉過頭去。任憑父親怎麼喝斥，我們都無動於衷。父親無奈地搖搖頭，開始幫女人收拾房間。

我偷偷地在從門縫往裡望，心裡嘀咕：這個女人會住在我們家嗎？那我們以後怎麼辦？父親還會像以前一樣愛我們嗎？

有一天放學回來，我突然發現床旁的布娃娃不見了。我急了：「我的布娃娃呢？」她立刻從廚房裡過來：「是我，我看著太髒了，所以就扔了。」我的氣便不打一處來，仇恨瞬間占據了我的大腦，上前拽住她的衣裳，扯著嗓門哭起來：「妳賠，妳賠，那是媽媽送給我的五歲生日禮物，妳賠給我。」她手足無措地站了一會兒，忽然向外跑去，片刻又垂頭喪氣地回來。

剛回來的父親，知道了原因，把我叫過去，吼我去睡覺。離去前，我突然狠狠地在她手臂上咬了一口。父親生氣地想打我，我早跑到房間裡去了，而弟弟也相當配合地把門反鎖。

父親從沒打算娶別的女人，因為他是如此地捨不得我們。可是這個女人一來，希望就破滅了，父親整天就圍著她轉（雖然他們沒有結婚證書），也不再關心我們。父親變了，變得冷酷和嚴肅，在他眼裡再也看不到以往的溫暖和深情。兒童節，她帶我們去逛公園。我們謊稱口渴，讓她買冰淇淋給我們，然後趁機爬到了樹上。看著她焦急地走來走去，到處問人，我們在一旁幸災樂禍。終於她絕望地癱坐到草地上，我和弟弟才有說有笑地迎上去，她一骨碌爬起來：「我的小祖宗，你們跑到哪裡去了？把媽急死了。」我大聲說：「妳不是我媽，我的媽只有一個，妳永遠都沒資格。」她的臉漲得通紅，隔了會兒她咬牙切齒地說：「好，你們有種，有種從此自己把自己管好，不要我操心。」很多人都圍過來看熱鬧，我朝她吐了口唾沫，抓著弟弟的手揚長而去。

偷了父親的鞋

自那之後，我和她的衝突更尖銳了。我牢牢地記住了她的話。他們吃飯的時候，我和弟弟在外頭玩。等他們吃完了，我們就去做飯，有的時候乾脆在鄰居家蹭飯吃。晚上，我和弟弟也從不踏進他們的房間。整個家死氣沉沉的。父親一天到晚都唉聲嘆氣。好幾次，父親走進我們的房間，見沒人理他，又只好默默離開。父親的菸癮也越來越大，常常一個人坐在門外抽著悶菸，望著遠方，一坐就是一個晚上。但這不能並化解我對她的仇恨，我從沒喊過她阿姨。我恨她，恨她從我們身邊奪走了父親。

那次她外出演戲，父親就在家裡等她。因為我作文比賽拿了全市第一，父親的臉堆滿了笑。她回來的時候，帶了很多禮物。我去開門，她顧不得進來就說：「文兒，我買了件新衣服給你，很漂亮的。」我嘴一翹，不屑地說：「我才不稀罕。我有一件，媽媽買給我的。」父親趕緊圓場：「文兒，阿姨也是一番好意，再說了，媽媽買的那件衣服都三年了，該換件新的了。」我生氣地朝著父親嚷：「爸，你怎麼能喜新厭舊呢？你讓媽在天之靈怎麼安息？」我話說得太重，爸爸的臉一下子變得蒼白。他把手舉起來，我卻毫不畏懼：「媽媽臨終前，你在她面前發過誓，說從今以後不再打我們，難道你忘記了麼？」她卻哭著往外跑，背影淒涼，在秋風中一陣抖索。

父親起身想追她，但找遍了鞋架，卻只有一隻鞋。原來弟弟早趁他去洗手間的時候，藏了一隻鞋。父親只好蹲下來，低聲下氣地說：「文兒，你快告訴爸爸，另一隻鞋子在哪？我回來買肯德基給你們吃。」我說：「媽媽說過肯德基是垃圾食物，叫我們不要吃。」父親生氣地站起來，也顧不著再找鞋，開門就往外跑。

我和她一起住了這麼多年，卻從來沒好好說過一句話，也沒給過她好臉色。有時我也在想，是不是自己做得太過分了？

她要做我的保護神

我上國三的那一年，學校通知要開家長會，父親正好到外地出差。我只好厚著臉皮去找她，沒想到她爽快地答應了。我看了她一眼，小心謹慎地說：「妳要答應我，不能在老師面前說我壞話。」她應允。

但說壞話的不是她，而是老師。因為我最近上課表現一直不好，老師一股腦地把不滿全倒給她。她不停地跟老師道歉，說會加強對孩子的管教。離開前，老師好奇地問：「看你的年紀，不像他的媽，倒像姐姐。」她親暱地挽著我說：「我懷他的時候才十六歲。」老師哦了一聲，尷尬地笑了。

跟她聊天才知道她是外地人，被騙到這裡做坐檯小姐。是父親解救了她，所以她一直心甘情願地跟著父親。那個時候，我已經明白坐檯什麼意思。但不知道為什麼，我心裡沒有一點看不起她的意思。我問：「那你們什麼時候補辦個婚禮啊？」她一臉驚訝地看著我，不敢相信我說的話。我又重複了一遍，她突然緊緊抱著我：「文兒，我真的沒聽錯吧？你不再反對我們了？我真的太高興了，有你這句話，我受再多的苦也值得。」

父親回來時，我找他談話：「雪阿姨都跟了你這麼多年了，你應該給她一個名分。」父親先是驚訝地望著我，繼而僵在那。他有些手足無措地說：「文兒，這是大人的事，你別瞎操心。」她一直在那偷聽，我出來的時候，她轉身想進去。她的眼有點紅，像是哭過。我喊她：「我肚子餓了，能不能煮幾個菜給我吃？」那個晚上，我耳邊總是響起她無奈又失望的嘆息聲。

因為最近治安不好，她勸我不要走小道回來。但我還是在一處偏僻的小道上被歹徒攔住了，錢被搶走，還被打得鼻青臉腫。她心疼地為我擦紅花油，然後說：「明天開始，我來接你。」

她果真在校園門外接我，我出來的時候，她挽著我的手就往前走。之後的幾天，都平安無事。但有一天，我們被歹徒攔住了，居然還是上次的那些混混。她突然從包裡取出一把水果刀來：「要是有種，你們就放馬過來。」

對峙了一會兒，一個小混混說：「妳有病啊？誰跟妳玩命？」說完灰溜溜地跑了。我們把這件事告訴父親，他躺在床上，笑得合不攏嘴。等了一會兒，他緊緊抓住我和弟弟的手說：

「孩子們，爸爸這些年對不起你們。」那個晚上，父親開心地給我們炒了一桌子菜，我敬他一杯酒說：「爸，以後別抽菸了。我們都大了，不再是以前那兩個傷你們心的小毛孩了。」爸爸的眼裡噙滿了淚水，臉上卻笑開了花。後來我才知道，爸爸之所以沒有和她結婚，是怕我們反對，也覺得對不起死去的媽媽。我想如果母親真的在天有靈，看到我們不開心，她也會難過吧。

遲來的婚禮

高中時，由於課很多，我只好住校。她基本上每週都會來看我，帶著她親手燉的雞湯。寢室裡的同學也很喜歡她，因為大家都可以吃到她帶的好吃的。

人心真的很奇怪，以前我是如此地恨她，恨她搶走了我的父親，而現在卻又是如此地喜歡她，甚至在很多問題上，我都堅定地和她站在同一戰線。

幾次我和父親商量補辦婚禮的事，父親都不表態。我知道父親是嫌她的出身，怕人家說閒話。我說：「她是一個很正經很好的女人，何況人家把青春都獻給了我們家，再怎麼著也應該給她個名分。」父親不和我爭執，只是默默地思考著什麼。論理，我知道他是說不過我的。

忽然有兩週，我沒看到她的影子。我急了，打父親的電話才知道她回了老家。好好地，怎麼說都不說一聲就回去了呢？父親經不起我的軟磨硬泡，只好說出實情：「她是被氣走的。」我說：「那我請假去接她，我不能沒有她。」父親驚訝地看著我，半晌才說：「兒子大了，心都向著外面了。」我說：「正是因為我不想向外，我才要這麼說。我們王家虧欠了她太多。我想等把她接回來，應該給她補辦一場遲來的婚禮。」

再次見到她的時候，是在飯店。她穿著婚紗出現在我的眼前，我笑著說：「我今後是叫你媽媽呢還是姐姐呢？」她佯裝生氣地過來打我：「別把我叫得那麼老，我還沒三十呢。」父親就笑，眼角眉梢都是幸福的味道。

那天回家，我眉開眼笑地告訴她：「清華大學招生的面試我通過了，他們同意錄取我。」她忽然哭了。我說：「哭什麼呢？應該高興才是。」她說：「我就知道你一定會有出息，所以我一直守著你們家不肯離去。」我說：「以前是我錯了，等我有出息了，我要買間大房子，好好孝敬你們二老。」

她病房裡的花都開了

我聯考的前一個月，她病了。因為忙著複習，我只看過她一次，她擺了一盆仙人掌在病房。她說她這盆仙人掌陪了她近二十年了。她又說一直喜歡仙人掌開花的樣子，奼紫嫣紅，分外美麗。但我是真的懷疑仙人掌是否會開花。

考試結束的第一天，我和室友買了香蕉去看她。一進病房我忽然就呆住了，仙人掌開出了嬌豔的花朵。尤其是那朵粉紅色的大花朵，直徑五六公分。我剝好香蕉餵她吃，我說：「仙人掌怎麼會開花呢？」她卻說：「不是每一朵花開都需要理由。」

我腦海中忽然像拍電影般浮現起這麼多年的恩恩怨怨，我也終於明白了她的意思。原來，愛，她對我的愛，正如我對她的愛一樣，一直不曾離去，也並不需要理由……

有一種樂器叫枴杖

犁航

德福終於找到了一間大一點的出租房，性價比也高，非常符合德福的要求。兩口子都剛從鄉下搬進城不久，什麼開銷都得計劃著來。

以前，德福一直住在一間黑咕隆咚的單間雅房。老婆整日抱怨不方便，沒有廁所，沒有廚房。那怎麼可能方便？一個大雜院，三層樓，十幾間房圍成一棟樓。每一間房裡都住著人，全是農民工，拖家攜口。巴掌大的樓房住著十幾戶人，真是挨肩擦背，水洩不通。

德福有午休的習慣，每天中午必須睡覺。哪怕只是十分鐘，晚上就算工作到十二點也不會疲倦。要是中午不休息，整個下午和晚上，睡意都會時刻纏著他，像個難纏的債主，甩都甩不掉，就別指望有精力做什麼了。

在那個小樓裡，午休是德福的噩夢。每次他剛進入夢鄉，隔壁孩子吵的，打撲克的，划拳喝酒的，夫妻吵架的，調情的……那些亂七八糟的聲音總把他美麗的夢敲得支離破碎，讓他苦不堪言。

德福憎恨那些無所顧忌大聲喧譁的傢伙，儘管那些人在德福眼中善良得不能再善良。但誰打擾了他的午睡，他就與誰不共戴天。德福對他們的好感正在一天天消退。由於長期不能正常午休，德福發現自己神經有些衰弱。

德福樓上住著精力旺盛的夫妻倆，男的是搬運工，女的是調灰漿的，都在建築工地上當零工。男的喜歡穿木屐拖鞋，女的很少脫掉高跟鞋。要知道，這座樓房的樓板太薄了，別說是拖地的摩擦聲，就是掉一根針，也能原聲傳給樓下。「蹋蹋踏踏」的聲響常常將德福從夢鄉驅回現實。

德福只能心裡煩，不能埋怨他們，更不能指責他們。要知道，中午正是勞累了半天的農民工享受生活，放縱自己的時候，誰好意思去制止他們？再說怎麼制止？是像老實人一樣求他們？還是像潑婦一樣兩手叉腰地罵人？但這些虎背熊腰的人哪是德福惹得起的？有幾個每天鬧得最凶的民工媳婦，潑辣得像《紅樓夢》裡的鳳辣子，甚至比鳳辣子還厲害，因為鳳辣子不爆粗口。這些女人就算罵她們的老公，也能嗓音尖銳，一句不重複地罵兩小時，把男人罵得狗血淋頭。男人們捱罵時大多沒精打采，左右躲閃，那麼小的空間，他們哪找得著藏身的地方？只能使勁把頭往兩腿之間鑽，恨不能拉開拉鍊鑽進去。

搬離那個大雜院，過去的就過去了。德福總算是脫離苦海了，這畢竟是一個新起點，他開始計劃怎麼安排新生活。小家庭生活方便多了，有廚房，洗手間，客廳，臥室和書房，還有二十四小時供應的熱水……

搬了一整天家，德福覺得骨頭都散了。樓房喧囂的聲響早已遠去。德福耳根清淨，備感欣慰。吃著老婆燒的香噴噴的飯菜，洗了個澡後精神抖擻。晚上，兩口子偎依在寬大的臥室裡，氣氛溫馨，似乎又回到剛結婚的時候。他們開始憧憬新的生活目標——買房！

中午，老婆一般在學校休息。德福樂得一個人午睡，無人打擾。才看兩篇短小說，眼睛就睜不開了，他打算好好享受午覺。他扔掉小說，打個哈欠，伸個懶腰，鑽進被窩，耳邊一片寧靜，十分愜意。銀子花得多，生活品質就是不一樣。

德福放心地睡了。矇矇矓矓中，他一邊睡一邊想：中午好好睡；睡醒精力充沛地投入工作，早些把買房的錢賺夠，然後再買車，再自駕遊……在德福的意識中，午睡不僅關乎下午的工作，還關乎前途命運，關乎今後的幸福……德福的思緒像煙囪裡的煙一樣慢慢散了。開始還能聚著，但最終飄呀飄，飛遠了……

突然「哆哆哆」……一聲聲，果斷而執著，像重磅炸彈一樣，一顆接一顆地從天花板上扔下來，把德福的美夢炸得粉碎。德福被嚇醒了，好像一個孤零零的人陷入了敵人的包圍圈，前後左右都被黑洞洞的槍口指著，一不留神子彈就會從四面八方射進他的身體。他的心臟撲通撲通狂跳，彷彿不是在自己體內，而是被吊在萬丈懸崖上盪鞦韆。渾身冰冷的德福圓睜著雙眼，死死地盯著天花板，想尋找那罪惡的源頭，咒罵那該死的聲響。

「哆哆哆」，一聲聲，毫不減弱，從天花板的左邊一路響到天花板的右邊。接著再從右邊響到左邊，振聾發聵。德福等呀等，盼呀盼，心想你總有個累的時候。終於聲音停止了，德福重新開始入睡，但是卻怎麼也邁不進夢境的門檻。

德福堅持著，一天、兩天、三天……後來竟天天如此，只要德福剛進入夢鄉，那個被德福咒罵了無數次的哆哆聲就會準時響起，像故意與德福作對似的。德福快崩潰了，他不能再忍。他必須解決這個問題！

那是第七天的中午，忍無可忍的德福終於爆發了。他從床上蹦起來，衣衫不整，摔門而出，殺氣騰騰地衝上樓，怒氣沖沖地拍打樓上那家人的門。半天，沒人開門，只聽到屋裡有哆哆的聲音，由遠而近。門終於開了！此時的德福滿臉憤怒，滿腔的怒火終於找到了傾瀉的出口。如果他懷裡有一把狙擊槍，他一定會向那扇罪惡的門裡一陣狂掃……

當門內的情景真正出現在德福眼前時，德福張口結舌，怒火也在一瞬間消失。德福像一個做了錯事的孩子，結結巴巴地說：「對……對不起，敲……敲錯門了。」

門裡有一位老奶奶，她一條腿支撐著身體的重量，另一條腿無力地蜷縮著。老奶奶右腋下拄著一根木枴杖，她努力平衡著自己，滿臉慈祥地望著德福說：「孩子，我知道你剛搬來，住樓下，現在是鄰居了，敲錯了也不打緊，進來喝口水吧。」德福忙說：「不，不打擾了！」

德福看到了那根曾讓他險些變得喪心病狂的枴杖，純木結構，做工極為粗糙。但枴杖的末端，卻用棉布厚厚地、緊緊匝匝地纏了一大團，包得像一隻漂亮的馬蹄。顯然，這樣做的目的是盡量減弱敲擊地板的聲音。看來老奶奶已經考慮到影響了，在枴杖上做了消音處理。

怪不得德福在樓下聽不出到底是什麼聲響，聲音只是沉悶頓挫。

這時，一個背著書包的小男孩從樓下跑上來。他老遠望見奶奶，臉上瞬間笑成一朵鮮嫩的花，在門口張開手臂抱了奶奶一下。儘管是象徵性的，但看得出他和奶奶十分親近。奶奶也回抱他，然後她指著德福，做了個手勢。小男孩長得眉清目秀，望著德福，甜甜地笑笑，用手指指屋裡。德福看懂意思了，是請他到屋裡。德福摸著小男孩的頭，對老奶奶說：「您孫子真是個乖孩子。」小男孩進去了，把書包放在靠牆的桌子上。

老奶奶悄悄對我說：「這個孫子是我撿來的，很乖，不淘氣，最愛讀書，成績好著呢，是個很懂事的乖孩子。但他聽不見，五年前我在廣場上鍛鍊的時候撿的。那時他才不到兩歲，睡在垃圾堆裡，凍得瑟瑟發抖，卻沒有一絲哭聲。我以為他把嗓子哭啞了，撿回來好些天才發現他什麼也聽不見！我把他帶回來，兒女們不理解，說我行動不便，再撿個孩子怎麼辦，何況是個又聾又啞的孩子？最後兒女們一個個都搬走了，就剩下我這個老婆子和這個小傢伙了。」

老奶奶回頭望了一下正在做作業的小男孩，面上露出幸福的笑容。

見德福盯著自己的枴杖，老奶奶解釋說，她蜷縮著的那條腿患了重風溼，前幾年就不管用了。但拄拐習慣了，走路也沒有太大的妨礙。她每天清早從菜農手裡收菜，一瘸一拐地趕到菜市場去賣。中午趕回家為小傢伙做午飯。下午，小傢伙上學後，她出去撿垃圾。她說她要趁現在還走得動，為小傢伙上大學多存點錢……

不知什麼時候，幾滴淚水從德福眼眶滑出，久違的感動湧上心頭。下樓後，德福心潮起伏，久久不能平靜。

自此，每天中午，德福在哆的聲音裡睡得很踏實，睡得很香。哆哆哆的聲響，已經成為德福的催眠曲。他知道老奶奶在樓上製造的每一個哆音，都是為小男孩敲的幸福的音符，愛的樂曲。德福希望這種哆音一直敲下去，敲到小男孩上大學，敲到小男孩成為頂天立地的男子漢……

每天午睡，德福都期待哆的聲音響起。只要哆的聲音響起，就說明老奶奶很健康，小男孩的生活充滿希望。德福甚至想哪天老奶奶拄不動枴杖時，他會把小男孩接過來，為小男孩撐起一片藍天！

媽媽做的棉布鞋

秋子紅

樹上的葉子剛剛開始泛黃，母親便忙著洗晒被褥，絮棉襖棉褲，還要為他做一雙結實又暖和的棉布鞋。那時，他幾乎是母親生命的全部。

父親撇下他們母子倆過早地離世，人們都說他家的天要塌下來了。但母親咬咬牙，讓自己站在父親所在的位置上。他感覺生活裡並沒有缺少什麼。就像母親每年為他所做的棉布鞋，總會讓他與別人一樣，一路暖暖地度過春天。

很小他就是個懂事、聽話的孩子。並不是母親有多嚴厲，而是他時時感覺身後有雙小小的淡褐色的眼睛在望著他，那雙眼睛已將世界上所有的淚都流盡。他不能再讓那雙眼睛落下一滴淚來！第一次考試，他拿回家兩張「雙百」試卷，那雙眼睛望著他笑了。第一次他捧回一張獎狀，那雙眼睛裡滿溢幸福的淚花……此後，他的小學、國中、高中和大學，都在那雙眼睛的默默注視下讀完了。

結婚之後，他將母親接進了城。他想要報答母親，讓母親享享福，但母親似乎更忙了。

最初母親替他們照顧兒子。他與妻子都很忙，下班走進家門，母親早已做好了飯菜。有幾次，他不安地說：「媽，以後飯菜我們自己弄吧。」母親斥責他：「做幾頓飯能累著媽嗎？你媽才沒有那麼嬌貴呢。」後來，兒子上了幼稚園。他想這下母親該好好歇歇了。

但母親的手是閒不住的。不是用碎布拼幾塊坐墊鋪在沙發上，就是為兒子做一雙虎頭鞋，一件罩衫。每天下班回家，他都看見母親在忙這忙那。他說：「媽妳歇歇吧。」但母親微微一笑，說：「媽已習慣了做些什麼。」

有一年快入冬時，母親說要為他做一雙棉布鞋。他笑說：「現在誰還穿那麼土氣的棉布鞋？」母親白了他一眼說：「誰穿？你小時不是一直穿嗎？」後來，母親真的從衣櫃裡翻出一雙鞋底，又從街上買回來棉花。沒幾天，一雙結結實實、暖暖和和的棉布鞋便做成了。

看到麻繩納的鞋底，棉花絮的鞋面鞋幫，在城裡長大的妻子開玩笑說：「明天就穿出去，讓人看看你穿的是不是件文物？」他想要是他穿出門的話，辦公室裡那一幫熱衷時尚的人不笑掉門牙才怪呢。最終，他沒有穿那雙棉布鞋，倒是讓兒子做了他做遊戲用的「鳥窩」。

母親是在兒子上了國中那年走的。那些年，每次回家他總能看見母親坐在客廳的一角，戴著老花眼鏡縫縫補補。見他們回家，母親像怕人看見似的，立刻收拾了自己的活計。

整理母親的遺物時，他發現母親的衣櫃裡整整齊齊放著十幾雙棉布鞋。有的是為孫子做的，有的是為妻子做的。但更多的，是為他做的。妻子撫著一雙雙暖和的棉布鞋，忽然一下子哭出了聲。後來，冬天到來時，他每天出門都要穿上一雙棉布鞋。

他走在街上，西裝下的那一雙棉布鞋，總會招來大家好奇的目光。有人開玩笑問：「返璞歸真嗎？」也有人一本正經地問：「是不是西裝配棉布鞋是一種很另類的時尚？」他不置可否。

他想在這座城市裡，恐怕沒人知道他腳下那一雙笨笨的棉布鞋，是誰一針一線做的？又是用怎樣一種心情做的？

大哥的麥地

秋子紅

黃鳥叫的時候，麥子就熟了。

遍地的麥子，像一片金黃色的海浪。在五月熱風的吹拂下，故鄉的村莊似乎也在輕輕搖晃著。村莊裡飄著一種很好聞的麥香味。我就是嗅著那誘人的麥香味，從遠方的城市回到故鄉幫父親收麥子的。父親說：「麥熟了，回來得正好。」抽完我敬他的一支菸，父親又說：「明早天麻麻亮的時候咱就割麥。」

說是割麥，其實大家早就不割了。麥熟的時候，村莊外面的收割機一臺接著一臺，跟司機打聲招呼，一兩支菸的工夫，一地麥子就變成了一袋袋黃燦燦的麥粒。不要說割麥，現在村莊裡那些年輕人，極有可能連鐮刀把都沒摸過。

但大哥喜歡割麥。麥熟的日子，大哥早上什麼時候起床的，我一點都不清楚。幫父親做了早飯，大哥躡手躡腳地走進堂屋，一把揪住我的耳朵喊：「懶蟲快起來，太陽晒到屁股了。」我腦殼裡像是鑽進了一隻瞌睡蟲，嗚嗚嚕嚕答應了一聲。大哥一鬆手，我倒頭又睡著了。大哥急急忙忙地說：「早飯在鍋裡熱著，我和父親割麥去了。」

等我揉著惺忪的眼睛走到麥地時，大哥和父親早割了一大截麥子。大哥割麥的樣子像父親，雙腳擺開架勢，身子往前一弓，揮舞起鐮刀來。嚓，一鐮。嚓，又是一鐮，動作既迅速又好看，鐮刀割出的麥茬既低又乾淨。我握著鐮刀，剛割過幾鐮，就被麥芒刺得手腕又癢又疼。我直起腰望望天空，天藍得像一塊鋼藍色的水晶。太陽掛在頭頂，毒辣辣的陽光傾瀉在我的臉上，像針扎一樣疼。大哥回頭看我，咧嘴朝我笑笑說：「紅娃回家幫老爸端壺茶水去。」我扔下鐮刀，轉身就往麥地的樹蔭裡跑。父親沒好氣地說：「紅娃學學你大哥，看你大哥咋割麥！」我聽見大哥笑著對父親說：「紅娃還小。」其實，大哥比我大不了多少，滿打滿算，大哥只比我大兩年零三天……

第二天清早，跟開收割機的司機打了聲招呼，到晌午，父親的二畝多麥子就變成了一顆顆黃燦燦的麥粒子，晒到了村莊外面的麥場上。不到三天時間，田野裡的麥子就讓那些轟鳴著的鐵傢伙收拾乾淨了。田野一下變得空闊起來，村莊南面的土塬從田野上顯露出來，像一道黃褐色的屏障，在田野盡頭連綿起伏著。

我做好晚飯叫父親吃飯時，發現父親正一個人蹲在莊南塬頂的一塊麥地邊，默默地抽著煙。

這是我家距村莊最遠的一塊地。現在周圍的麥子早收割了，只剩下我家的麥子孤零零地站立在南塬塬頂上，像是一朵從天而降的金黃色的雲。站在南塬塬頂上，可以望見遠處綠樹掩映的村莊，還可以望見從村莊通往遠方的柏油路。

那一年，我們在南塬塬頂上割麥。割著割著，大哥忽然對父親說：「爸，麥割完我就打工去了。」父親愣了半晌，問大哥：「你不唸書了？」大哥說：「讓紅娃唸吧。」大哥回頭看我時，我看見大哥眼裡撲閃著亮晶晶的淚花。大哥考上了高中，我考上了國中，母親剛過完年就去世了。但先前為了幫母親治病，父親欠下了一屁股的債……

我走到父親身邊，問父親：「麥割嗎？」父親抬起了頭，揉揉眼睛說：「我們再等等。」塬頂上的麥子早熟了，一棵棵麥穗黃澄澄沉甸甸的。風一吹，發出窸窸窣窣的響聲。

我要去遠方的城市了。我臨走的前一天傍晚，父親磨好了三把鐮刀，說：「紅娃，我們割麥去。」

我和父親來到莊南土塬塬頂上。走到麥地，父親彎腰割了一把麥，然後將鐮刀放在麥棵子旁邊。緊接著，父親從懷裡取出一沓黃紙，抖抖搜搜點著了。父親說：「祥娃，回來吧。」之後又說：「祥娃，我們一道割麥。」

陽光像紅紅的火舌，舔著父親那張溝壑縱橫的臉，他的臉上，滿是黏糊糊的淚水。

祥娃是大哥的乳名。

那天，大哥在南方的建築工地打工，不慎從工地鷹架上跌落下來，一句話沒說就走了。大哥的骨灰，就埋在故鄉村莊南塬塬頂——我們家的這片麥地中。

我和父親拿起了鐮刀，彎下了身子，開始割麥。嚓，一鐮；嚓，又是一鐮。

割著割著，我忽然聞到了大哥身上那種親切的汗腥味。

醉酒的父親

羅從政

醉酒的不是我，是我敬愛的父親。

父親喜歡喝酒，但平時很少喝醉。並不是因為他酒量大，而是他具有成年人所擁有的自控能力——酒量再大，只喝八分。這次父親怎麼就喝醉了呢？

這天家中來了客人，他們不是一般的客人，而是菸草公司派到本地指導烤菸生產和收購的工作站。但對於父親這樣一個純粹與土地打交道的農民來說，小鎮上的任何一個工作站全體員工都有著某種神聖的意義。這幾年我家一直是菸草大戶，父親和工作站的人員都很熟，而熟人之間最能聯繫感情的莫過於酒席。酒席上喝酒、吃菜、閒話家常，無論是公事、私事都好辦了許多。

今年，我家延續了往年的經濟方式，因為烤菸種植面積大，所以我們很注意維持與他們的這份感情。這樣的年分，家庭的收入一方面取決於烤菸的品質和數量，另一方面取決於這幾位「財神爺」的心情。想到馬上要收購烤菸，父親就急著找時間與他們聚一聚。

父親雖是個農民，也算是久經世事，明白怎樣在酒席上形成「魚水」之情。酒宴是在自家舉行的，以農家菜、農家酒的鄉村風味為主，卻勝過豪華飯店的酒席。品味過高級別盛宴的人，偶爾吃一頓純樸的鄉村風味，那才是真正的享受呢。

被限制家庭外交的我沒有加入酒宴，只是以服務生的身分往來於酒桌和廚房之間。每次聽到他們爽朗的笑聲，我都不禁為父親宴請成功而感到高興。同時也為父親身為一個在土地裡打磨的「地主」，能與這些人促膝長談而有一種莫名的自豪感。所謂自豪感，不就是在不同身分地位的比較中生出的嗎？

酒席間很熱鬧，大家都很讚賞父親的豪爽。為了激起客人的酒興，有時客人喝一杯，父親就自己喝兩杯。父親知道酒喝得好不好關係著客人的情緒，自己犧牲一點沒什麼，為了生活一切都顯得那麼微不足道。

將要散席時我意識到父親醉了，言詞有些不著調。他似乎忘記了自己是個農民，把客人當成了田間的夥伴，話題越扯越遠。客人顯得有些不耐煩，先後站起來要走。父親強行挽留，說讓我收拾完桌子後，他們一起打牌熱鬧一會。我對父親雖醉卻心明如鏡，深諳交往之道感到欽佩，但父親畢竟醉了，酒後多言，而且說的都是重複的。我收拾著桌子。客人謝過父親挽留的好意，堅持要走，聲稱改日再來盡興。父親打算站起來送客，沒等直起腰來就重重地摔在椅子上。我趕忙上前扶父親坐下：「你歇一會兒吧，我去送客。」出門時我見父親眼睛微閉著靠在椅子上，依然喋喋不休。十幾年來，我第一次親眼看到父親醉酒的窘態。

幾句客套話後我送走了客人，回來時發現父親已倒在地上，人事不省。我和母親把他扶上了床，幫他蓋上被子。他應該是感覺很熱，不時地抖掉被子。父親不斷地呻吟著，中間還夾雜瑣碎的話，似乎在傾訴醉酒的痛苦，又似乎在表露宴請的喜悅。我擔心父親會吐酒，拿了一個盆放在床前，示意他如果想吐可以吐到盆裡。他完全意識不到我在喊他和推搡他的手臂。父親，你怎麼醉成這樣？看著父親滄桑的面容，一陣心酸湧上我的心頭。父親的酒性發作，呻吟愈來愈強烈，我感到父親的心在不停地掙扎，抽搐。我沒喝醉過酒，但父親的表情卻如心臟病發作，幾乎是生不如死。

我搬來椅子坐在父親的床前，默默地看著掙扎的父親。他突然翻起身來，我忙起身詢問是否要吐。但他嘴裡只是不時地冒出幾句席間說過的話。父親徹底醉了，他痛苦的樣子讓我心如刀割，那是比肉體的痛更難以忍受的疼痛。我有些哽咽，深深地嘆了口氣，不忍再看父親的表情。

父親才四十歲就已被歲月侵蝕得滿臉滄桑。當年小學都沒畢業的他白手起家，住在無人問津的深山谷，十幾年間從一個土層掘到另一個土層，始終堅守著土地。雖然依舊是農民，依舊沒有改變面朝黃土背朝天的命運，但使我家的生活條件改變很多。這其中包含著多少辛酸與苦楚！父親既不是靠運氣謀生，也不是「做一天和尚撞一天鐘」，家裡的一切都是靠他那雙長滿厚繭的手打拚出來的。我身為父親的兒子，也已經十八歲了，卻只能眼睜睜地看著自己的父親被生活的重擔壓得唉聲嘆氣，我於心何忍？一種深深的愧疚感縈繞在我的心頭。

父親劇烈的呻吟聲打斷了我的思緒。那聲音如同母親在寒夜中呼喚自己的孩子，如無數的針尖刺在我的心上，扎入我的腦中。我盡力克制，淚水還是落到手上：「父親，你休息吧！兒子已經長大了。難道一定要等到現實的擔子把你壓垮，你才停止奔波嗎？我明白，即使你被壓垮了也同樣會站起來，因為你已經站起來過無數次了。」

我的思維被父親的手機鈴聲打亂，悅耳的鈴聲在此時顯得那麼刺耳。手機就在父親的腰間，他卻毫無反應。我緩過神來：父親已被酒精侵蝕得神志不清。我便伸手去接電話，湊巧的是電話是學校打給我的，學校告訴我一個喜訊——我被大學錄取了。對於一個學生來說，這是多麼大的好消息啊，但我卻怎麼也高興不起來。謝過學校的祝賀，我放下電話，淚如泉湧。可惜父親不能在第一時間聽到這個讓他振奮的好消息。我還是告訴他：「爸，我考上大學了。」父親除了晃動了一下身體外，沒有任何回應。我靜靜地守候在他床邊，期待著父親醒過來，親口告訴他這個消息。

父親依然安靜地睡著，呻吟聲不知何時消失了，但臉上的表情卻很痛苦。

從那天起，這表情成了我對父親最清晰的記憶。那天注定是個值得銘記的日子。與父親相處十多年，我第一次真切地觸碰到父親的內心。以至於現在回憶起來，我想起的不是那個大學錄取通知書，而是那副無法用言語描述的痛苦面容。

母愛像首歌

牛虹

聽村裡老輩們說母親從小嗓子就好，人也長得水靈，是十里八鄉出了名的百靈鳥。那時候，在山花爛漫的山坡上，流水潺潺的小溪邊，到處飄蕩著母親鳥囀般美妙、清亮的歌聲。

母親沒讀過書，年少時就背負起家庭生活的重擔。因受家庭拖累，到快成老姑娘時，家人才同意她與父親的婚事。婚後的母親依然愛唱歌，生活中總有母親的笑聲。素淡、清苦的生活，在性格開朗的母親眼裡也充滿著幸福和甜蜜。

上一輩只有父親一個男孩。在母親生了我和大妹後，思想守舊的奶奶在暗地裡對父親施壓，似有不生男孩不罷休的氣勢。小妹出生後，倔強的母親偷偷到醫院做了結紮手術。盼孫心切的奶奶得知後，如遭晴天霹靂，她大罵父親不孝，鬧著要一人獨自過生活。敦厚、木訥的父親夾在婆媳間左右為難，但通情達理的母親一如既往地孝敬著奶奶。之後，生活的重擔讓母親失去了歌聲和笑聲。依稀記得大妹小時，母親經常哼著歌哄我們睡覺。母親的歌聲比什麼都奏效，先前哭鬧的我們一聽到她的歌聲，很快就能進入甜美的夢鄉。

我們的山村處於群山綿延的山窪裡。平日，雲海靜謐，竹濤陣陣。多少年來，山村一直都很閉塞，但民風純樸，人們安然自足。

多年來，我們一家人靠著六畝貧瘠的山地生活，可謂是靠山吃山，日子過得十分艱難。忙完田地工作的男人們上山採石頭，女人們將男人採下來的石頭挑到公路邊，賣給山外來的商人。我十二歲那年，父親在一次開山爆破時永遠離開了我們。那段時間，破碎的家好似大海中漂泊不定的孤舟。奶奶終日以淚洗面，不諳世事的我們表現得木然、無助。只有母親在悲痛之餘，堅強地用柔弱的雙肩和結滿老繭的雙手為我們撐起另一片天空，讓苦難的我們緊緊地擁抱在一起。

有好心人勸母親趁年輕時改嫁，不然一個女人想養活這一大家子太困難了。母親一一謝絕他們的好意，說我們一大家子到哪都是累贅。這讓一向對母親有成見的奶奶很是感動和愧疚。

四十歲出頭的母親顯得比同齡人蒼老許多，身子瘦弱得像秋風中的落葉。我在家裡是老大，向母親提出輟學的想法，想幫她一同操持農活。沒想到我這一說，氣得母親直哆嗦。她責罵我沒出息，說這輩子她嘗夠了不識字的苦，只要她還有口氣，就要供我們讀書，讓我們做有文化的人。

母親像牛一樣拚命地做著田裡的工作。每天凌晨星星滿天時，她已做好早飯下地工作去了。中午我們將飯幫她送到田裡，直到晚上月亮高掛半空時，她才拖著極度疲憊的身子回家。農閒時母親還要到石場做小工。自從父親走後，母親像變了個人似的，我們看不到她年輕時的影子，也聽不到她的笑聲和歌聲了。只有在我們取得好成績時，她憔悴的臉上才稍微露出一絲苦澀的笑容。

十八歲那年，為了減輕家裡的負擔，我報考了師範院校。當拿到師範大學錄取通知書時，家人一陣歡呼，而後眉頭卻擰在了一起。那筆學費對於我們貧寒的家庭來說是個天文數字。那晚，母親破天荒地早早從田裡回來，我們圍坐在桌邊沉默不語。望著燈下愁容滿面、頭髮花白的瘦弱母親，我幾次想提出放棄學業。懂事的妹妹說寒暑假到城裡打工賺錢，奶奶要我們安心忙外頭，家務事由她一人打理。良久，母親說就是砸鍋賣鐵也要供我讀書。

在縣裡的助學捐款和母親的東借西湊下，終於湊夠了我第一年的學費。從此我走進了另一個五彩斑斕的世界。我除了刻苦學習外，業餘時間做了幾份家教兼職。做家教的錢只能勉強夠我的生活費用，但大筆的學費還是要向家裡要。大二那年，大妹突來電話，哭著說母親為了存夠我的學費，不定期到醫院賣血，這次因失血過多重度昏迷，現在住在醫院。

母親瘦弱的身軀躺在潔白的床上，她的雙唇沒有一絲血色，灰褐色的臉像是秋天的枯葉。我用顫抖的雙手輕輕地挽起母親的衣袖，只見她黝黑的，形如柴棒的雙臂上布滿了針孔。我失聲痛哭起來，讓淚水恣意地流著，一直流到我苦澀的心裡。那一刻，我隱隱聽見了兒時母親唱的柔美的催眠曲。

這麼多年來，母親一直在用心血為我們唱著大愛無言的歌……

讓我來暖你的腳

覃壽娟

又是一個天寒地凍的夜，我閉上眼聽著外面呼呼的風聲。時間彷彿在一點點地倒流。恍惚中，我感覺有人用雙手把我冰冷的腳抱在懷裡……

1

我沒想到父親是如此的絕情，母親剛去世沒半年，他就拋棄我跟著一個女人遠走高飛，再無半點消息。

那天，飢腸轆轆的我怎麼也等不到父親回來。打開家裡所有的抽屜，我找不到一分錢。再看看米缸，剩下不到一斤米。整個屋子空蕩蕩的，我的眼淚嘩嘩地流了下來，哭累了，我趴在客廳的飯桌上睡起來。這時門「吱」的一聲響了，她走過來牽著我的手說：「小妹，別怕，就算全世界的人都不要妳，我要妳，跟我回家吧。」她的手很粗糙，但很溫暖。

她總是叫我「小妹」。我對她最早的記憶在六歲那年，在那個缺衣少食的年代，青菜裡很少有油水，一個月見不到一塊肉也是常事。但每個月總有一次，她會拎著半斤豬肉，歡天喜地地跑到我家，遞給母親說舅舅家買了一斤豬肉，她割了一半。每年壯家人的「四月八」，她會端來一鍋香噴噴的五色飯。端午節，她送來散發著清香的粽子。別人給她的幾個蘋果，她一個也捨不得吃，全給了我們。

母親得了白血病，她丟下了家務，片刻不離地照顧母親。母親病重的時候，她忙得一天只睡兩三個小時，人很快消瘦下去。一年後母親去世，她的頭髮白了一大半，一下子蒼老了十歲。送母親下葬的時候，她摟著我放聲大哭，淚水溼了我一身，任誰都勸不住。痛苦像一座山壓在我們心上，我們幾乎肝腸寸斷。最後我們永遠地送走了母親。

那一年，我十一歲。

2

我跟她回了家。當晚她把唯一一隻正在下蛋的老母雞殺了。那隻老母雞原本下蛋特別多，她捨不得吃那些蛋，全都用來換鹽。她燉了一鍋雞湯，把雞腿全都放我碗裡。五歲的表弟嚷著要吃，她說：「小乖乖，別鬧啊，等我們有錢了，買好多的雞腿給你吃。」我心一酸，夾一隻雞腿給表弟。她背過臉去許久才轉過來，我看到她眼眶有些紅紅的。

收拾完所有的家務，已是晚上十點鐘。她領著我到了她的房間。房不大，只夠擺上一張床。她鋪好了被子，被子雖然破舊卻很乾淨。「來，小妹，天冷，上床睡覺吧。」她把一顆枕頭放在她的腳邊說，「睡到我的身邊來。」我脫了外衣，躺在她的腳邊，她替我蓋好被子，用雙手把我冰冷的腳抱在懷裡。她知道我從小是個腳寒的人，特別在冬天，一雙腳總是冰得厲害。我感覺她的身子顫了一下，卻把我的腳抱得更緊了。她的懷裡很暖，我的腳慢慢被焐熱，我也沉沉地睡去了……

3

我的體質很弱，自小就被別人叫做藥罐子。加上那年天氣格外冷，我不斷地感冒發燒。她找了好多的草藥熬藥給我喝。藥汁很苦，我發脾氣不肯喝。她耐心地勸我：「小妹，喝吧，喝下去病就好了。」她端藥的手青筋突起，皸裂得像松樹皮。

藥是喝了下去，但我的病總不見好，後來竟然高燒不退，呼吸急促。她慌忙把我送到了醫院。檢查完畢，醫生說：「小孩肺部感染得很嚴重，晚來一天，怕是沒命了。」

她的眼眶紅了。醫生說：「交錢吧，要住院治療。」

但是她急得團團轉，去哪裡籌這筆錢？病房裡的我依稀聽見她在走廊求醫生的聲音：「請您一定先用藥，我回家拿錢去。」

醫生往我身上扎針，我昏睡了過去。睜開眼看到她正握著我的手，長長地舒了口氣，臉上有了笑意。在她的精心照料下，一個星期後我出院了。

別人告訴我，她賣掉了戴在手上幾十年的玉手鐲。那個玉手鐲是她母親傳給她唯一的一個信物，陪葬過先人，玉裡有一絲細細的血線，十分珍貴。走村串戶的賣貨郎幾次問她是否賣掉玉手鐲，她都捨不得。

果真我沒看見她手臂上的玉手鐲，我問她，她說：「小妹，只要妳好好的，比什麼都重要。」

我轉過頭去，不讓她看到我眼裡的淚水。

4

國中畢業後，我想都沒想就報考了師範學校。因為讀師範不用學費，而且國家每個月還提供伙食費。拿到錄取通知書的那一天，她拉著我的手，哽咽地說：「小妹，家裡窮，沒辦法，真是難為妳了。妳成績好先讀著，以後有錢了，再讀大學吧。」

她送我去學校，準備下長途客運的時候，她幫我順了順頭髮：「小妹，不要太節省，要愛惜自己，該花的錢還是要花，天涼了要學會添衣⋯⋯」那個動作像極了母親。

九月的太陽還是像火一樣熱。車站和學校還有一段不短的距離，我們拿不出多餘的錢搭車。她用扁擔一頭掛著箱子，一頭掛著我的衣物，往學校方向走。我說：「我來挑吧。」她拎過東西說：「我的身體還行，別讓扁擔壓壞妳。」

烈日下，我和她在人群中一前一後地走。即使沒有任何行李，我也感到熱得厲害。不一會兒，她的臉上全是汗，衣服也全溼了，連髮根也能滴下水來。

我跟在她身後，看著她蹣跚的步伐。抬頭，陽光刺得我眼睛好痛。

5

放假回到家，她正在院子裡餵鴨，我發現她有隻手綁著厚厚的紗布，用一根繩子吊在脖子上。看到我她顯得很開心：「妳看這些鴨子都大了，妳回來就可以殺來吃了。」

她知道我愛吃鴨肉。我沒接她的話問：「妳的手怎麼了？」她故作輕鬆地說：「不小心摔斷的，沒事，醫生說過一段時間就好。」

二十多隻鴨子在她面前呱呱地叫著爭搶食物。旁邊的小房裡，兩頭豬「哼哼」地嚎著，用嘴拱著豬圈，看樣子是餓了。每次賣豬的時候，她都笑得很開心，用食指沾著唾液一張張地點數：「小妹，看看，妳的學費又有了。」

我搶過她手中的盆，跟她急：「妳以後不要做這麼多工作了，學校的補貼，我省著花大致夠用。」鴨食裡有切成一小塊一小塊的西瓜皮，我覺得奇怪：「西瓜皮從哪來的？」她像個做了錯事的孩子，訕訕地說：「從街上撿的，鴨子吃得多。」已經十歲的表弟在一旁嚷：「她是在撿西瓜皮時摔倒的，還不讓我們告訴妳，說怕妳擔心。」

晚上，我幫她換藥。她摔斷的那隻手，腫得很厲害，五個手指彎不過來。躺在床上，看到她的腳底有一層厚厚的老繭。她說：「人老了就是沒用，禁不起折騰。等妳畢業了，我就不養了，現在家裡狀況妳也是知道的。」我無言，任憑她把我冰冷的雙腳摟進懷裡。

6

我工作後，父親找上門來，要我跟他回家。我冷冷地看著他，像看一個陌生人。父親忽然指著她大聲嚷：「妳早就知道小妹是個聰明的孩子，知道她長大了會賺錢，妳養她這麼多年，不就是看中她的錢嗎？」她愣了片刻，眼淚傾瀉而出。這是母親去世後，我第一次看到她那麼委屈地哭。

我撇開父親的手，上前抱住她。我盯著他，一字一句地說：「當初你那麼狠心地丟下我，我餓的時候你在哪裡？我冷的時候你在哪裡？我病的時候你又在哪裡？只有她才是真正疼我的人。她為我賣掉了母親的信物，她為我摔斷了手臂，她為我辛苦地操勞了這麼多年。」

我控制住自己的眼淚，為她抹去臉上的淚水：「是的，現在我賺錢了，可是她沒有要過我一分錢。就算是我給她的零用錢，她都存著說以後我成家了還用得著。這世上再也沒有人如她這般愛我。你現在才跟我說回家，你不覺得太晚了嗎？你放心，當你老了，我會履行法律賦予我的義務，給你養老錢。只是我們之間除了錢之外，再也沒有任何關係。」

父親瞪大了眼睛看著我，終於還是走了。也許他沒想到多年前那個瘦小的姑娘已經不再懦弱。而我知道了誰才是真正疼我的人。

晚上睡覺的時候，我第一次主動把她的腳摟在懷裡。她的腳早已失去了彈性，硬得像一根木頭。我說：「妳一定要健康長壽，妳為我做了那麼多，也讓我有時間疼妳。」一會兒，她的抽泣聲就從床的那頭傳了過來。

病了兩年後，她還是走了。我永遠地失去了我親愛的外婆。我一直不相信人有來世，但現在我多希望人有來世。如果上天有眼，就讓我們來世再相遇。那時，我來做她的外婆，她做我的外孫女，讓我來為她暖腳。

第五章

那座叫親情的山，它一動不動的

父親的箴言

張以進

張秋雲十八歲那年有過很多很多的夢想：他想當一名作家，出自己的書；他想當一名教師，業餘時間寫詩作畫；他更想當一名編劇，創作令人矚目的電影劇本。但這一切，都因為聯考失利而變得遙不可及。更讓張秋雲心灰意冷的是，得知他聯考落榜，父親冷冷地說：「叔叔是泥水匠，你就跟他去學手藝吧。」

父親的話傷透了張秋雲的心。說實話，從小學到高中，張秋雲的讀書成績都很不錯，很多老師和好友都說他將來會有出息。但在那千軍萬馬參加聯考擠獨木橋的年代，張秋雲離上榜差了二十多分。班導老師說他的成績非常不錯，複習一年再考應該能考上。張秋雲把聯考成績告訴父親的同時，也把班導的話說了一遍，但父親卻陰沉著臉色，過了好久才蹦出了一句讓他去學泥水匠的話。

聽完父親的話，張秋雲跑到二樓的小書房，關緊房門嚎啕大哭。學泥水匠，他就會像那些國中沒畢業的家鄉年輕人一樣，靠一雙手打工去闖天下了，他再也沒有機會靠讀書改變自己的命運了。哭著想著，張秋雲確實不甘心。吃晚飯的時候，張秋雲再次向父親提出明年去重考，如果沒錢，借來的錢他可以自己去還。其實，張秋雲心裡清楚，下半年大哥要娶嫂子，這錢稍微省一點，他就能去複習了。但父親聽後搖了搖頭，說不會改變決定。

父親的冷漠讓張秋雲感到非常意外。從小到大，在三兄弟中，父親都是最疼他的，不僅在生活上關心他，經常塞上零用錢給他，對他的讀書成績也很關心，經常會過問他的考試成績。張秋雲想，自己聯考失敗對父親肯定是個沉重的打擊，但父親也不應該就這樣讓他告別讀書生涯啊。

為了改變父親的想法，張秋雲悄悄地打了電話給班導。班導得知情況後，很快來到他家。父親對班導的到來感到很意外。不過，父親很快思索出老師的意圖。父親先是說家裡比較困難，實在沒辦法讓張秋雲再去重考；後來又說即使參加重考了，第二年也不一定能考上。一席話說得班導很尷尬。張秋雲在樓上偷聽他們談話，既氣又恨，眼淚又不爭氣地流了下來。

半個月後，父親特意把叔叔請了過來，讓張秋雲向叔叔敬酒拜師。望著父親買給他的那個工具包，想到自己將要告別讀書生涯，與平常的勞工青年一樣闖蕩江湖，張秋雲沒有一絲一毫欣喜。只是機械地聽從父親的吩咐，對叔叔敬了酒拜了師傅。看張秋雲不太好的臉色，父親也沒有多說，直到叔叔快走時，父親邊吸旱菸邊說：「我知道這樣委屈你，但過幾年你會明白的。不過，爸爸告訴你一句話，什麼時候你都不要忘記：你無法改變世界，卻可以改變你自己。」

張秋雲沒有回答父親。但父親的那句話，卻讓他在床上翻來覆去想了很長很長時間。

張秋雲很快跟叔叔走出了山村，天南海北地找建築工地工作。由於張秋雲愛好文學的緣故，無論走到哪裡，空餘時間他總是不停地看書學習，順便也寫點文章。奇怪的是，叔叔對張秋雲也不是很嚴厲，因此他的手藝一直沒什麼大的長進。

第二年，張秋雲在一座城市打工，千里之外的父親從家鄉打電話過來，說母親病重去世。叔叔給了張秋雲一筆錢，讓他趕快回家。在送張秋雲上火車的路上，叔叔語重心長地對張秋雲說：「千萬不要責怪你爸爸，否則你會後悔的。」聽到叔叔話裡有話，張秋雲哽咽著問叔叔為什麼，叔叔告訴他說，其實他爸爸很想讓他再去讀書，但家中確實沒什麼錢了。如果再傳出母親生病，大哥的媳婦怕也娶不成了。叔叔說：「我覺得你父親那句話最中聽，你無法改變世界，卻可以改變你自己。」

在回家的火車上，張秋雲再次細細回味父親的那句話，終於明白父親的苦心。其實，父親可以讓張秋雲留在家鄉幫他支撐那個即將破碎的家，但父親卻依然自己挑起那副沉重的擔子，為的是讓張秋雲能走出去接受更多的磨練。

回家送走母親後，張秋雲又和父親進行了一次徹夜長談，張秋雲終於了解到父親的苦：母親生病，大哥娶媳婦，家中早已借了不少錢，但父親卻不能流露出半分情緒，為的是讓張秋雲自己能堅強自立。

外出打工這段經歷，讓張秋雲對人生理解了很多很多。再次外出，張秋雲在叔叔後面潛心學習手藝，不久被一家建築公司看中。幾年後，張秋雲先後透過自學拿到了大專和大學文憑，成為土木工程師，在公司裡確立了自己的地位。文學創作方面，張秋雲也出版了自己的小說散文集，努力打拚的他終於事業有成。

「你改變不了世界，卻可以改變自己。」父親的箴言一直激勵著張秋雲。但張秋雲始終不明白，作為一個普通的農民父親，竟然會說出那樣一句改變他一生的至理名言。但有一天，當張秋雲回到老家，看到白髮蒼蒼的八旬父親，手中拿著畫筆，一筆一畫在學習國畫創作的時候，他終於明白，父親的箴言是他發自內心最真切的感受。

母親，為您燃一盞心燈

王霞

部落格上的一個母親節活動讓我想起了我的母親。其實不用故意去想，每時每刻母親和父親都在我的心中。

我昨夜做了一個夢，在夢裡床上堆著很多她的衣物，她說都是年輕時的，現在穿不下了，我和大姐在那兒試穿，左一件、右一件，長裙子、短旗袍，每一件都好漂亮。她看著我們，眼中是滿足的笑意……

今天早上，我看到兒子從學校帶回來的髒衣物，還有馬上就要換下來的春季衣服，突然想起前幾天，洗衣店還洗壞了我一件心愛的大衣，就有些發愁。再一想，小時候我們都穿棉布衣服，所有的衣物都是媽媽洗熨。一家人都穿得乾乾淨淨，特別是父親和我，衣物從來都是平平整整的。而母親那時在食品廠工作，忙碌的工作之餘，還要料理一大家子所有的家務，一定很辛苦。想到這裡，我就開始動手洗、燙。一個上午我都在洗衣間和陽臺忙碌，也只不過是六件毛衣，兩件棉布風衣，兒子的一堆內衣。就這樣，我已是滿身疲憊。幸虧有滿滿的自豪，不然真的要扔開了。由此，我更是對媽媽充滿了敬意。

我小時候，大家的生活條件都不夠好，衣著都很簡樸。唯有我，小小的年紀，冬天，穿的是黑亮的裘皮棉衣；春秋是銀灰色毛料套裝；而夏季，則是白府綢繡花上衣，紅格吊帶裙，方口繫帶紅皮鞋。清楚地記得，學校同年級不論哪個班有公開課，我都要去上課。每一次提問，我都會端正地舉手，十有八九都會被叫到，然後享受老師的讚賞和所有女同學略帶妒意的豔羨。

而這些，雖緣於爸爸無邊的寵溺，但更是出於母親一雙辛勤而靈巧的雙手。

童年的家在北方。猶記得那冬天寒冷異常。我穿的是媽媽手工縫製的小棉襖，貼身輕便，加上大衣，完全抵禦了凜冽寒風。我還清楚地記得它的生產流程：先是父親買了棉布，一般是深色碎花裡子，素雅大氣的較大圖案的面子。我一直很納悶，沒讀過書的父親，為我置備的衣物布料，都那樣漂亮，拿到現在來看都不落俗。母親先把衣料落水，縮水去浮色，然後熨平，這是第一步；第二步，要剪裁好，再把裡、面勾縫起來，像雙層的裌衣；然後，在大飯桌上細心地鋪平，把雪白的棉花細心地一點點、一層層地疊壓、鋪展上去，這叫絮花。絮好的衣片毛茸茸的，我很喜歡把手或臉貼上去，感受那一種涼而不冰，溫而不火的舒適。媽媽常笑著嗔怪：「看沾了一身的棉絨……」絮好的衣片要墊上報紙，輾軋一番，然後小心翼翼地翻捲過來，裡和面布就把絮好的棉花包在了裡面。這時，邊角處最要小心，因為勾縫的布邊折在裡面，很不容易弄服帖，所以絮的時候邊上要薄。翻轉棉衣時媽媽常會念叨：「親娘絮肩，後娘絮邊。」說的就是親娘疼兒，會把棉衣的肩、胸、背這些關鍵的地方絮厚，好抵禦寒冷；而後娘為了節省棉花，又要看起來厚實，就會在這些地方減量，而單單把衣服邊角絮厚，以防人家試探。

縫製好的小棉襖是小立領，緊身服帖。媽媽還會包我做兩件罩衣，因為一個冬天，這件棉襖是不下身的，外面要有保護，不然髒了後，拆洗就麻煩了。襖罩和棉襖大小一致，衣襬和袖口略長，正正好好罩住小棉襖，髒了以後可以隨時換洗。這時想來，父母完全可以把棉襖做成深深的素色，和哥哥們一樣，會耐髒，會省掉很多麻煩。可是，他們從來都是為我選擇漂亮的花布，即便是被罩在裡面。這就是如今，我在繁忙浮躁的生活中，仍沒有失去欣賞、追求美好事物的心情的緣故吧。這種讓生活美好起來的本能，父母在那個荒漠時代就用心地栽培在我們小小的心靈中了。

母親，是我的榜樣，我一直有意無意地學習，我希望自己能像她一樣，智慧而不精明，善待他人常忽略自己，盡心盡力照顧家人並感到快樂……那是一種春風化雨般的浸潤，讓我的心於不知不覺中走近母親的情懷，讓那種情懷繼續浸潤著我一生的歲月。

今年母親離開我近七年了，我卻覺得她從沒離開，甚至比七年前更近，因為她已走入了我的心裡。母親用她的一生為我構造了一個溫暖的港灣，我現在讓她住進我的心裡，讓我們依然彼此溫暖，在無數日夜裡。

母親，也讓我為您燃一盞心燈，照亮您和父親，在那個世界的日日夜夜。

你是我的陽光

王霞

安來電話告訴我她要回蘇州的學校了，請我有時間的話去看看她媽媽。我略猶豫了一下，還是答應了。

安是我的學生，我教了她四年，從小學一年級到四年級。時間過得真快，現在她都大三了。

那年聯考結束，我在西藏的那曲接到安媽媽的電話，電話中安的媽媽說安考得不太理想，情緒不穩定，想送她出國，也許能發展得好些。安媽媽徵求我的看法，我勸她還是多陪孩子，留在身邊。當時心裡想著：回去後看看安，仔細談談。

出乎意料的是當天晚上我在趕往拉薩的路上出了事故，我也受了傷，後來我直接被抬到了軍區醫院，緊接著就躺回了南京。這一躺就是半年，太多的事都擱淺在床上，安和她媽媽的事，也就此放下。

一次，一位家長來看我，她的孩子和安也是同學。我便忽然想起安，不知這個孩子現在如何？有沒有走出當初的陰影？最終有沒有出國？我便問起了這件事兒，她的神色也隨之黯淡了下去。

原來當時安的媽媽為了讓安出國，準備把房子賣掉，巧的是就在我出事的第二天，她陪人家去看房子，在路上出了車禍，隨後被送到醫院搶救，至今也沒有醒來。那時我受傷三個多月了，安的媽媽已經成了植物人，被安和外公外婆接回了家中。

由於安的父親在安國中的時候已經患腦瘤去世了，所以安沒有出國，就在蘇州讀書，每個假期都在家照顧媽媽。我無法想像，安現在的心境怎樣，似乎在那個家裡，在她的成長中，總有一些猝不及防的悲傷。

我能下床後，終於去看望了安的媽媽，時隔半年的這次看望，與當初想像的是那樣迥然不同的心情。病床上的她頭髮全白，兩頰凹陷，形容枯槁，露在外面的手臂肌肉都萎縮了，像白骨一樣。我的淚撲簌簌直流，我彷彿看到當年，那個身材高挑、穿著得體的女子，牽著那個粉妝玉琢般的可愛小女孩來學校報到，她明眸皓齒、優雅大方。但如今的情景，再也不能和回憶中的人重疊。

當年，小安安就是這樣走進了我的生活。慢慢發現，小安安說話會有一些口音，讓我有點納悶。安媽是一個很特別的媽媽，她愛而不寵，嚴而不傷。她對安安呵護極了，早送晚接，生病時，一天幾次送水送藥。可是，對安的學習和生活習慣卻是一點也不馬虎，對老師的工作極為配合。課餘還送安到婦女兒童中心學習音樂、美術、舞蹈。那個活動中心，離我們這裡好遠，坐車要兩個多小時。

安安也喜歡媽媽，每天放學只要看到媽媽，她就像只蝴蝶一樣飛撲過去。那份暖暖的母女親暱圖就像畫一般，讓人有一種直入人心的感動。

有一年冬天，窗外飄著雪，孩子們玩得瘋了。好多孩子鞋和襪子都溼了，有些家長來送換的鞋襪，因為我們是企業學校，就在公司區域裡。我讓孩子們把鞋脫了，把腳擱在暖氣管上烘烤，儘管暖氣管不很熱，但也能保證孩子不受涼。

一個孩子媽媽幫兒子換鞋時，看到安安當時正赤著小腳，就撇著嘴說：「這孩子的媽媽平時那些沒用的小事倒是挺周到，關鍵時候就不行了，唉……你媽不來送鞋嗎？」小安安從書包裡拽出一雙漂亮的羊毛襪子，驕傲地說：「媽媽一早就幫我裝好了，我正要換呢！」看著那個孩子媽媽的神情，總覺得有些不正常，似乎是嫉妒，或者是別的什麼。

我也沒有往心裡去，而小安安的羊毛襪已經穿在腳上，看著她幸福的神情，心裡也覺得暖暖的。

之後，孩子們離開了我。但是他們也常常一起回學校看我。那樣的時刻，我總能想起安和她的媽媽，想起那些曾經點染我眼睛和心境的點滴。

那年她父親去世後，有人勸她媽媽讓安安讀「三加二」，就是三年高中加兩年大專，也好早點減輕家裡的負擔。可是安媽堅決不同意，雖然隨著安安父親的離去，家裡條件一落千丈，可她還是堅持讓安安讀了高中。

終於，孩子高中畢業，終於可以讓女兒自由去飛，終於可以站在原地看著女兒幸福綻放，可是命運無常，卻又出了這樣的事。

時光就這樣在幸福與悲傷的交替摻雜中流走，此刻看著病床上形容枯槁的安媽，我多渴望她能早點醒來，孩子只有母愛了，不能再失去了。

可是後來每次去看她，她都那樣躺著，沒有絲毫的反應。小安安，那個在媽媽寵溺下的小公主，一個天真無憂的孩子，彷彿瞬間長大，日益成熟，成熟能幹得讓人心疼。

那個曾經步步生蓮的女人，那個曾經健康幸福的安安媽媽，我怕去看她，因為每次看到靜躺在那裡的她，我都痛恨這老天的不公！但我也始終有著希望：如果有一天，她忽然醒來，睜開眼睛，那麼這個世界該是怎樣的陽光明媚，生活該是怎樣的美麗芬芳！我想，所有的人，都有著這樣的希望。

或許，我的希望在嚴酷的現實面前始終是一種奢望。但是，不管怎樣，這個世界依然是美麗的。在我的眼裡，她們這樣的母女情，就是這人世間溫暖的陽光，與這個美麗的世界交相輝映。

她是安安的繼母。而安安是父親當年在老家收養的孤兒。

水中月

周國華

冬日裡，周莊來了一個老人和一個畫家。老人坐在雙橋的連線處，旁邊放著幾張畫像和照片。畫家則坐在雙橋對面，面前擺著畫架。

老人盯著路人看，而畫家似乎只專注於景物。清晨兩人來的時候，鎮上還沒幾個人走動。此刻，雙橋邊還沒多少人。

老人率先站起身，把畫像和照片裝入一個布袋，一臉落寞地走了。目前除畫家外，雙橋上空無一人。畫家眼前的場景，正是陳逸飛先生那幅《故鄉的回憶》中的畫面。

畫家身旁疊滿了畫紙，從日頭東升到星月滿天，畫家的眼睛和畫筆就沒有停過，速寫、素描、油畫應有盡有。畫的內容也全是這兩座石橋和橋下的流水，還有周邊白牆青瓦的建築。

畫家點燃菸，對著畫架吐了個圓圓的菸圈。畫架上，微型版的名畫呈現在他眼前，構圖、比例、色調、表現技法，都無可挑剔。這次寫生收穫不小，畫家搓揉著雙手。

「像啊！畫得好！」老人不知何時出現在畫家身後，挑著大拇指叫好。

畫家轉身，禮貌地點頭致謝，露出一絲得意。

老人從布袋裡掏出一疊肖像畫，遞給畫家。畫上的主角顯然是同一個人，從五六歲模樣開始，一直到長了鬍子。畫家快速翻了翻，紙張新舊不一，估計有二十多張。

畫家撇撇嘴說：「技法很嫩，但組合起來倒是有點味道，尤其是那雙眼睛，眼神取了個斜視的角度，笑意傳神，是你畫的嗎？」

老人點點頭說：「是，您見過這個人嗎？」

畫家搖搖頭。這是一張很普通的臉，沒有讓人過目不忘的特徵。他問：「那人是誰？」

老人一嘆：「我失散了二十三年的兒子。」

畫家大為驚訝，立刻收住了漫不經心的微笑，扶著老人坐下。老人對著被寒風吹皺的湖水，敘說著自己的故事：

老人家在北方，夫妻倆是政府部門的職員，兒子叫月明，五歲時被人販子拐走了，從此以後就沒了消息。一開始他和太太請了假，全國各地找，不論是城市還是山村，甚至是草原，只要有一丁點兒子的消息，他們就會立刻出發。在這期間，他們還幫助兩位被拐賣的孩子找到了親人。

後來，兩人都離職，各自去了民營企業工作。很不幸的是太太因為身體原因不能再生育，好在是老闆知道他們的情況後，答應只要有他們孩子的音訊，隨時都可以去找。

老人現在已經退休，太太的腿又不方便，於是一個人出來。他尋思著，旅遊景點的人多，而且來自天南海北，所以就來了周莊。當然了，這也是沒有辦法的辦法。

老人掏出一張護貝過的照片，照片上，一個小男孩開心地依偎在一位短髮少婦身邊。老人說：「瞧，孩子的眼睛多像他媽啊，但鼻子、嘴唇，都像我。」

畫家望著老人，心彷彿被細針扎了一下。孩子和他母親都是雙眼皮，含著笑意。再細看畫像上那小孩的臉，正是他父母五官的組合體。不容易啊，那二十多張畫像，每年一張，記錄了老人對兒子的牽掛，有了這份牽掛，雖未親見，但孩子還是在他們的心目中一點點長大。

「唉……要是月明真的住在周莊這樣的地方，該多好，一世都會安安逸逸的；要是他能來這裡，該多好，說明他的日子過得很好，能夠到處遊玩。」老人嘆道。

聽著老人的喃喃聲，畫家百感交集，卻又不知道該如何去安慰。畫家指了指畫架上的油畫，說：「老伯，您要是喜歡，這幅畫就送給您吧。」

老人用袖角揩揩雙眼，滿臉驚訝。當再次得到確認後，老人輕聲道謝，說：「再添個月兒，行不行？」

畫家凝眉沉思良久才動筆。橋洞的倒影起伏在河面皺起的波紋中，已不再圓得有序。而鑲嵌在波紋中的月牙兒，也不是常見的鐮刀形，居然隱隱呈現出鋸齒狀！

收筆的那一刻，畫家和老人同時被震住了——那道道鋸齒，彷彿無聲地切割著兩人的心！

不！我要圓的！老人發出顫音。畫家愣了片刻，動筆抹去波紋。

月兒照在風平浪靜的水面上，一派溫馨祥和。

老人帶著畫蹣跚而去。明天，他又要奔赴下一站。在他心中，不管路有多彎，生活有多難，他的明明永遠會像畫上的滿月一樣，陪著他。

對著他的背影，畫家深深鞠了一個躬，自言自語道：「老伯，您真正讀懂了那幅名畫的內涵。您為我解開了多年來的困惑，我懂了，自己離大師的距離，究竟還有多遠。」

小旅館裡，畫家輾轉難眠。

畫家想：自己老是忙，父親和母親，已經整整三年沒見了。今年春節……不！明天一大早就動身，回家看看他們。

親愛的姐姐

覃壽娟

1

我六歲的時候，媽媽把八歲的妳領到我面前：「囡囡，叫姐姐。」我看著一頭髒兮兮的頭髮，穿得大紅大綠很土氣的妳，把頭扭到一邊嚷：「我才不要這樣的姐姐，我沒有姐姐。」妳走過來，想拉我的手，我使勁地甩開：「妳不是我姐姐，妳不是我姐姐！」妳委屈地站在一旁，一副不知所措的樣子，直到媽媽把妳拉到浴室洗澡，我還在拍打著洗浴是的門：「媽媽，媽媽，我不要姐姐，我不要姐姐！」我在心底抗拒著妳的到來，一個撿來的孩子，憑什麼要和我搶媽媽。

媽媽為妳買回了另一張小床，放在我的房間裡。我一臉的不高興，抱著我最喜歡的玩具使勁地朝妳瞪眼。妳洗了澡，髮間繫了個蝴蝶結，穿著媽媽買給妳的公主裙，變成了一個漂亮的小公主。媽媽抱起我，親著我的小臉說：「囡囡，多一個姐姐妳就多一個伴，姐姐也會很愛很愛妳的。」我「哇」的一聲哭了，我不再是家裡唯一的小公主了。妳站在旁邊看著我，眼神像一個做了錯事的孩子。

2

妳到來的那年，我和妳一起上了學，並被分到了同一個班級。妳沒讀過幼稚園，在村裡妳只是個會打豬草，整日與雞鴨做伴的女孩，和能歌善舞還認識很多字，會背幾十首唐詩的我在一起，妳就像一個醜小鴨。我自然地當上了班長，而妳每次考試成績幾乎都墊底。我才不會在同學面前說妳是我的姐姐呢，放學了我也不和妳一起走。每一次妳都默默地走在我的後面，不近不遠。放學回到家，我坐在客廳看電視，妳沒閒著，幫媽媽準備飯菜，收拾我們的房間，把我的書桌擦了又擦。很多次妳驕傲地對媽媽說我有多麼優秀，說我在學校得到的表揚，媽媽就會很開心地親吻我的臉。我慢慢地不再討厭妳了，睡覺前，我也喜歡聽妳講一些稀奇古怪的故事了，那是以前妳在村裡的奶奶對妳說的。

我終於承認妳是我的姐姐了。那一次，全班大掃除，一個男生不打掃，身為班長的我指責了他，他居然推了我一下，我摔在地上，痛得眼淚都出來了。這個時候，妳站出來，要那個男生向我道歉。那個男生不肯，他可是班裡最壯實最凶的。妳上前和他扭打了起來，妳不知從哪來那麼大的力氣，不一會，就把他按在了地上。老師來了，把那個男生狠狠地責罵了一頓，妳呢，自然也被責罵了。但從那以後，再沒人敢欺負我，那次我叫了妳一聲「姐姐」，全班的同學都知道了，妳是我的姐姐。

3

我們讀高三的時候，爸爸鐵了心要離婚，媽媽留不住。在法庭上，當爸爸提出要帶妳走，把我留給媽媽的時候，妳說妳不會跟他走，妳只想留在媽媽的身邊。因為那時媽媽的身體已經很差了，每天下班回到家，幾乎都是癱坐在沙發上，什麼事也做不了。妳放了學，很嫻熟地淘米、切菜、洗衣、拖地，我要幫妳，妳總會攆我到房裡：「去，去，妳做作業去吧，還期望妳上北大呢。」北京大學的中文系一直是我夢想的目標，妳知道的。其實那個時候，妳的成績也不錯，在全校也是名列前茅，妳悄悄地對我說過，妳想上復旦大學的外語系，畢業後，妳想當一名外交官。

爸爸終於離開了這個家，媽媽躲在房間裡哭了一天，妳把飯菜煮好，直到勸媽媽吃了一口飯。

4

聯考分數終於出來了，我如願地考了高分，北大於我，不再是個遙不可及的夢想。而妳卻意外地連高職的最低錄取標準都過不了。其實在聯考前的幾次模擬考試中，妳的成績像直升機似的往下落。得知分數的那一刻，妳被媽媽扯進房間，好久才出來。媽媽紅著眼對我說：「囡囡，姐姐考不好，那是她的命，妳一定要給我們家爭氣啊。」妳擁抱著我：「妹妹，妳一直是我的驕傲，以前是，以後也是，妳好好讀書，姐姐打工供妳讀書。」那時媽媽已經提前病退了，一個月只有一萬多元的退休金，加上爸爸給的一點撫養費，這就是我們家全部的生活來源。生活費、學費、媽媽的藥費，每個月都捉襟見肘。我在北京讀大學，妳就在家鄉打工，妳說，這樣就可以照顧體弱的媽媽。媽媽說妳一個人打三份工，早上三四點起來送報紙，中午做三個小時的兼職，下午五點後替一家餐廳送外賣。壓在妳肩上的擔子太重，但這些苦妳從不對我說。

5

我是個自尊心很強的女孩，一直瞞著家裡的窘境，沒有申請貧困生助學金。我只是默默地努力，終於在一個學期後，拿到了學校的一等獎學金。週休二日我也沒閒著，替別人當家教。這些錢省著用，大致能支付我的學費和生活費了。我告訴妳的時候，妳笑了，又哭了。我以為生活開始對我們綻開了笑臉，誰知道一個噩耗傳來，媽媽由於長期臥床導致雙腎衰竭，生命隨時有終止的可能。我聞訊趕回來，在醫院裡，見到了躺在病床上的媽媽。媽媽臉色蒼白，氣若游絲。而妳，也消瘦了很多，顯得很疲憊。我們爭著要捐腎給媽媽。我想，我是媽媽的親生女，匹配機率應該很大。妳卻阻止我，說我要讀書，身體很重要，可是我怎麼肯，妳只好說：「我們一起體檢配型，誰適合誰捐。」一週後，醫生對我們說，妳的腎更適合媽媽。這樣的結果讓我很吃驚，但醫生說的話我不得不信服。

6

妳捐了腎給母親，手術很成功。轉到普通病房的時候，妳和媽媽床挨著床。那天，我在家裡煮了一鍋雞湯，裝在保溫飯盒裡給妳們送去，走到病房的門口時，虛掩的門傳出妳和媽媽的對話。我不想打擾妳們，就站在門外，聽著聽著，我的手幾乎拎不住飯盒了。原來妳兩歲時被人拐走了，媽媽和爸爸尋遍了妳可能被拐到的每個地方，都找不到妳，後來奶奶在一個清冷的早晨撿回了被人遺棄在路邊的我。妳八歲時，警察才找到了妳。為了讓我開心地生活，妳和所有人都隱瞞了我的身世。妳才是他們的親生女兒，所以，爸爸離婚時唯一的要求就是要帶走妳；所以，在與媽媽的腎移植配型中，妳讓醫生隱瞞了真相，只告訴我妳才是最適合的那個人。就連那年的聯考，妳也是故意考得很差，為的是讓我安心地追逐我的夢……
我推開門，淚流滿面地走到媽媽和姐姐面前，哽咽道：「我知道了，我都知道……」
我們三個人的手緊緊地握在一起。我知道，人生的這一路上有妳，我親愛的姐姐，有妳的愛，縱然有風有雨，妳也會為我撐起一片藍天。這輩子剩下的日子，讓我們相親相愛，再不分離。

光陰裡隱藏著多少愛的溫柔

王國民

1

她是半年前來到這個小城的，這個城雖小人卻很多，大街小巷，熙熙攘攘。
每一天，她就這麼一條街一條街地走，一條街一條街地貼。落寞的餘暉，經常把她的身影投在搖曳的人群裡，那一刻，她彷彿看見自己內心的懺悔，那樣鮮明，那麼痛苦。努力地尋找之後，她終於明白，自己始終無法面對的是那段荒涼的歲月。

她正要往前走，忽然有人拍她的肩膀：「路老師，在忙什麼呢？」回頭一看，是同事李小德。她尷尬地笑笑，李小德又說：「路老師，什麼時候去八字村看看？」她這才記起和李小德去看小美的約定。

小美是她的學生，是一個成績優異的女生。然而因為父親生病，小美休學一個月了，她老早就想去看看了，看看這座貧瘠的大山會把好人折騰成什麼模樣。

她是週末和李小德去八字村，橫在眼前的一幢茅草房就是小美的家，裡面雜亂的東西堆滿了房間。靠北面的一張小床，一條凳子和一臺老舊的錄音機就算是小美家的全部家當了。

等她走進這個簡陋的房間時，李小德對躺在床上的老人說：「這是你女兒的班導路老師，她代表學校來看您了。」一個面黃肌瘦的老人掙扎著爬起來，說：「老師，請坐。」她忙不迭地把早已準備好的八百塊錢拿出來，放在老人的手裡：「這是我們的一點心意。」其實，那是她半年來所有的積蓄。她只是個代課老師，薪水並不高，每月除了正常開銷外，便所剩無幾。

她正在感嘆生活的艱辛時，小美清脆的聲音從門外響起。

放下背簍，小美跑了進來，朝老師敬了兩個禮，又從身上掏出一疊錢，一塊一毛地數著，她側過頭去，鼻子裡充塞著辛酸。

臨別的時候，她拿出一張相片，給小美：「妳見過這個小男孩嗎？」小美愣了將近五分鐘，然後堅決地說：「沒有！」她從心頭湧起一股失望，有些落寞地走開了。

這已經是她送出的第一萬張相片了。

十年來她走遍了大江南北，但依然毫無所獲。

2

十年前她是一家小公司的老闆，有一個幸福的婚姻和一個乖巧的兒子。孩子四歲生日那年，她讓婆婆去幼稚園接孩子，在經過火車站時，婆婆去幫孩子買冰淇淋，回來後孩子就找不到了。

當時聽到這個消息時她都傻了，大腦一片空白。

她滿大街地尋找，原以為孩子只是一時走丟，但一個月、兩個月過去了，依然杳無音信。狠心的婆婆把一切責任推在了她身上，丈夫也對她冷眼相向，不久後她的婚姻也走到了盡頭。

她將公司託付給弟弟後便走上了漫長的尋子之路。聽別人說福建那邊販賣小孩兒的特別多，她二話不說就去了，逢人就問，逢牆就貼尋人啟事，很快隨身所攜帶的一千份尋人啟事貼完了，她又把兒子的相片翻印了一萬張……

轉眼十年時間過去了。十年了，她十年的美好青春就耗費在了尋人上，十年，她磨破了二十雙鞋，寫滿了十本尋子日記。很多人都勸她：「小路啊，不要再折騰了，找個男人重新過吧。」

她苦笑，她不是不想，只是兒子是她身上掉下來的肉，如何割捨？

直到半年前，她接到了一個電話，說在貴州曾經看到過一個孩子，很像她兒子，右手臂上有鮮明的燙傷疤痕。

她聽到疤痕這個詞時，心臟猛然跳動了一下，一個小時後，她坐在了開往貴州的火車上。

3

她答應過校長只利用業餘時間去尋找兒子。

她正在辦公室清點作業本時，小美進來了，手裡提著一個袋子。小美說：「爸爸想來感謝妳，他身體雖然剛好點，但還是走不了路，所以就讓我過來，也沒什麼，一隻雞，路老師，請您一定收下，這是我們的一片心意。」

她愣住了。她望著這個機靈孝順的孩子，突然百感交集。

父親得了腦溢血，為了籌集醫藥費，小美毅然休學，天天去賣魚腥草，還要照顧年弱的弟弟，風裡來雨裡去的。都累成這樣了，但小美的臉上，依然透出一股樂觀和自信。

小美出去的時候，她突然問：「妳弟弟，是領養的吧？」說完，她就後悔了，如果她的兒子流落到這樣貧窮的家庭，那是多麼的不幸啊。小美呆住了，好半天才回過神來，小美咬著牙齒反問：「路老師，妳不會懷疑我弟弟是妳的兒子吧？」

這話讓她驚慌失措。

她決定再去一次八字村。不過，不是小美的家。

在民風純樸的鄉村裡，她不費吹灰之力，就得到了兒子的消息。兒子叫小路，是因為在大路邊撿的，所以叫小路。十年前，小路被一人販子從長沙帶到了貴州，九年前，這夥人販子被抓了，小路也趁機跑了，流浪到這個村裡。小美的父親見他乖巧又可憐，正好妻子也想要個男孩，便收留了他。

她邊聽邊掉眼淚，往事一幕幕在腦海裡浮現。她心裡痛苦，孩子就在眼前，但她一點也高興不起來。

三天後的下午，她來到了小美的家裡。小美意外地沒有讓她進門，小美說：「陸老師，請妳不要再來打擾我們了，我和我弟弟都活得很好，我不能沒有他，他也不能沒有我。」

她一張臉都白了。

站在破舊的門外，沉默了很久。她說：「小美，我沒有惡意，我只是想看他一眼。也不知道他長成什麼模樣了，他還記得我嗎？他過得好嗎？小美，這些年，我無時無刻不在想著他，妳能理解一個母親失去孩子的痛苦嗎？」

說完，便把一本準備好的尋子日記從門縫裡遞了進去，小美看過後，哭了。

她又說：「小路的右手臂上是不是有塊鮮明的燙傷疤痕？」小美點頭。

小美掏出一張小路的相片，遞給她，轉身跑了。

只一眼，她的身體就顫抖起來，淚如雨飛。

4

小美的父親是兩天後拄著枴杖來學校的。

小美的父親說：「路老師，妳的事情我都知道了，我很難過。這些年我沒有主動去找過妳。小路現在都十四歲了，懂事了，他有權決定自己的路該怎麼走，只是我有個請求，如果小路願意跟妳走，能不能讓他先把這個學期讀完，我也可以多看他幾眼。小路雖然不是我親生的，但我對他一直視如己出。」

小美的父親走的時候，帶走了她的十本尋子日記，小美的父親說：「孩子十年都沒有見到妳了，在他的記憶裡，也許對妳的印象都已經很模糊了，需要一個慢慢調整的過程。」

小路是在一天後，被小美送過來的。

小美說：「爸爸讓小路來陪妳說說話。」見面的那一剎那，她衝過去，一把抱住小路，泣不成聲。十年的相思之苦，在這時終於有了爆發的出口。

她為小路炒了一桌的好菜，有小路以前最喜歡的辣椒炒肉和扣肉。

吃完後她緊握著小路的手，不停地說著話，她恨不得把這輩子要說的話一下全說出來。

她問：「小路，這些年，你恨我嗎？你願意和我回長沙嗎？」

小路搖搖頭，又點點頭，然後幸福地笑。

吃得飽飽的小路，很快就在她的懷裡睡著了，右手臂上的疤痕在她的眼裡幸福地跳躍著。

她盯著小路看了一個晚上，直到凌晨才迷迷糊糊地睡去。

小路是在早上走的，他做好了早餐，放在桌子上，還有一份留言：陸老師，我回去了，其實我很想跟妳去長沙，看看生我養我的家，只是我捨不得我的養父養母，畢竟我和他們生活了九年，記憶中的點點滴滴都是他們的影子。在這個家裡，雖然窮，但我很快樂。記得有一次，學校召集我們體檢，說我有B肝，爸爸不相信，就帶我到市區去，我們到達時，已經是十一點了，診斷結果要下午五點出來，爸爸就讓我先回來，然後他就在那裡等，拿到結果後，沒車了，只好走路回來，回來時都已是午夜十二點了，因為天黑，一路上不知摔了多少觔斗，渾身上下都是泥水。我抱著爸爸哭了，爸爸只說了一句，傻孩子，我能為你做的，就只有這麼多……

這話讓她感動不已，她決定暫時不去接小路，讓他好好陪陪養父母。

5

小路是暑假後陪她回長沙的。

十年在外奔波，終於找到了親生骨肉，這一重大消息不脛而走。她回來的時候，家裡早就坐滿了人。

小路房間裡的擺設都還是十年前的模樣，她的母親每天都會來打掃一次，小路進來的時候她笑著說：「小時候，我記得每天睡覺時，你都要抱著你最愛的熊貓睡覺，你還說它就是你的弟弟。」

熊貓依然在，小路抱著它的時候，淚水一下子就湧出來了。

晚上的時候，小路打了個電話給養父母，為了讓小路能經常聽到父母的聲音，她特意買了個手機給小美的父親，還繳了一千元電話費。

她以為故事就會如此按部就班地繼續下去，其實她都想好了，等孩子考上大學了，她就把小美一家人接過來，一起好好過。

只是沒過十天，小美家就出事了，是小美的母親，腦溢血。

醫生說，整個治療康復的費用要十多萬。

她聽到這個消息時不由得倒吸了一口冷氣。她知道，如果自己不伸手，那無疑宣判了小美母親的死刑。只是這些年在外奔波，她也早就花完了所有的積蓄。那幾天，小路整天茶飯不思，心事重重。

她做了一件很令人震驚的事情，把她經營了二十年的公司低價賣掉了，她的親友都不解，只有她自己知道原因。

這個世界上還有什麼比愛更重要呢？從接兒子回來的那天她就決定要讓孩子像一隻快樂的小鳥，能在愛的天空中自由翱翔。

她帶著小路重新回到了貴州，她把小美的母親接到了最好的醫院治療。手術很成功，康復的速度也在預期之中。

她說：「這次來我就不回去了。小路是屬於這塊土地，屬於大家的，我不能為了一己私念，強行把這幸福撕裂啊。」

所有人都驚呆了，尤其是小美：「路老師，妳來貴州不就是來找兒子的嗎，現在找到了，又把他送回來，不是太虧了嗎？」

這話讓她百感交集。她說：「是的，我一直以為，這個世界上，只要我才是最愛小路的，直到遇到了你們，我才發現你們比我更愛小路。而且我只懂得把小路占為己有，而你們，不僅懂得珍惜，更懂得付出。我記得有個名人曾經說過，小愛可以使人甜，使人喜，而大愛才會讓人寬容、平和、充實。」

她沉默著，緊緊地抱著小路和小美，她分明看見，在夕陽的餘暉裡，一抹溫柔快樂地搖擺著。

小路說：「妳們都是我的好媽媽，等我長大了，我一起孝敬妳們……」

哭泣的雪花

張素燕

「奶奶，雪花什麼時候就不哭啦？」五歲的小孫子望著窗外紛紛揚揚的雪花，充滿期待地問奶奶。

「雪花馬上就不哭嘍！因為雪花知道寶兒的爸媽快要回來嘍！」「是真的嗎？奶奶說下了

大雪我爸媽就會回來了。但現在我爸媽為什麼還不回來？」

孩子水汪汪的大眼睛清澈、透明，晶瑩的眼睛裡有閃亮亮的水珠在滾動。看著一臉純真、充滿渴求的小孫子，老人走上前去蹲下來，把他摟在懷裡，淚水悄無聲息地打溼了孩子柔軟發黃的頭髮。

孩子的父母一年前去外地打工了，他們走時就承受了一番與孩子別離的折磨。剛開始父母決定跟孩子講明道理，當面告別離去。母親告訴孩子，她和父親要去外面賺錢，要走一段時間，讓他跟奶奶待在家裡，要聽話，要乖，爸媽回來會給他買好多好吃的好玩的東西。但話還沒說完，孩子的頭搖得就跟波浪鼓似的，大聲哭喊著我不要吃的，我不要玩的，我只要爸媽。孩子的嚎啕大哭讓父母沒能走成。

第二次父母狠下心，直接走吧，又對孩子一番好話相哄，背起行李就走。但孩子卻追著跑到村外，一邊追一邊哭喊著：「回來，我不要爸媽走。」孩子撕心裂肺地哭喊，讓父母含淚而歸。

前兩招都不行，只好偷偷走吧，這也是父母不願選擇的方式。他們不想在孩子幼小的心靈上留下陰影。但這真是無奈之舉。當孩子回到家後看不到父母便是哇哇大哭，哭喊著找爸媽，怎麼哄都無濟於事。孩子整整哭了大半天，嘴裡念念叨叨，迷迷糊糊地睡著了。醒來後接著大哭。就這樣折騰了四五天，孩子的眼睛乾澀了。孩子不哭了，也不鬧了。奶奶那顆七上八下懸著的心終於放下了，這孩子也總算過去這關卡了。

一天，奶奶見小孫子在一張紙上畫東西，便問：「你畫的是什麼呀？」「雪花。」奶奶這才看清了滿滿的一張紙上全是孫子所謂的雪花形狀的東西。「你畫這麼多雪花做什麼呀？」「奶奶，我想起媽媽以前跟我講過雪花是很神奇的，雪花可以幫助我們。我想告訴雪花，讓我爸媽快點回來吧。」老人的心像被刀子戳了一下。原本以為孩子早已忘了的事，卻沒想到深深地刻在他幼小的心靈裡了，他在用自己的方式期待著父母的歸來。「那你要畫很多天，雪花才能幫你呀。」「只要爸媽能回來，我畫多少都可以。」孩子每天都畫雪花，邊畫邊嘟嘟囔囔地自言自語。

但日子在孩子的期待中悄然無聲地逝去，沒有帶來任何驚喜。爸媽還是沒回來。孩子嚎啕大哭。這是爸媽走後的第二次大哭。「我畫了這麼多，爸媽還不回來。雪花還是不幫助我。」奶奶安慰著孫子說：「寶兒，你知道雪花為什麼不幫你嗎？」「為什麼？」滿臉淚珠的孩子勉強止住哭聲，像抓住了救命稻草似的認真聽奶奶說。「因為雪花在哭泣。哭泣的雪花是不會幫助人的。」「那雪花什麼時候能不哭啦？」「當天上真正下大雪的時候，當雪花漫天飛舞的時候，雪花就不哭啦。到時候她就會幫助你，讓你爸媽早點回來的。」老人的眼裡也充滿了期待。她想著下了大雪，兒子兒媳總該回來了吧。

於是孩子天天盼著下雪，可奇怪的是，那一年冬天竟然沒下雪。

日子在四季輪迴中不厭其煩地重複交替著。

孩子依舊每天畫著雪花。不同的是他在每片雪花的後面都加了一個哭臉，然後在每張畫的最下面都會畫上一片大雪花，在後面加上一個笑臉。

當秋天舞盡了最後一片落葉，又一個冬天挾裹著寒冷來臨了，孩子心中期待已久的雪花也終於飛舞到了人間。孩子高興得手舞足蹈，臉上開出了燦爛的花朵，但這場雪還是沒能讓孩子如願以償，孩子的父母還是沒回來。孩子好不容易綻放笑容的小臉又陰雲密布，酷似哭泣的雪花。

「奶奶騙人，奶奶說下了真正的雪花，爸媽就會回來了。但現在為什麼還不回來？」孩子委屈萬分地說。

「是啊……你爸媽要回來了。他們已經上車了，只是外面下著雪，擋住了他們回家的路啦！」

孩子一聲不吭地跑到外面，從院子裡找出他的小鏟，開始鏟地上的雪。他氣喘吁吁地鏟著，不顧紛紛揚揚的雪花把他遮蓋成雪人。

老人背著孩子哽咽著打電話給兒子：「你們快回來吧，我沒法再騙孩子了。」

孩子每天掃雪，直到第二場雪的到來，父母終於回來了。他們冒著大雪，遠遠地就看到被裹成雪人的孩子在清掃路面，旁邊站著同樣被雪遮蓋的老媽媽。

娘緊緊摟著兒子說：「我們再也不走了。」孩子蹣跚地跑回屋去，拿來厚厚的畫滿雪花的兩個本子，淚流滿面地說：「別讓雪花哭了，好嗎？」那稚嫩而純真的聲音，隨著盡情飛舞的雪花氤氳開來，洋洋灑灑於天地間，飄進每個人的心底，舞出一片潔白。

撥開雲霧見天日。大雪飄盡，絲絲縷縷的陽光如跳躍的火焰，融化了冰雪，融化了寒冷，融化了哭泣的雪花。

寧願為你，讓陽臺花開

張素燕

每次去圖書館看書都會被旁邊社區臨街的二樓陽臺所吸引。駐足觀望的並不止我一人，人們三五成群地聚在樓下仰望陽臺，讚美之詞不絕於口。這是一個轉角陽臺，通透的大玻璃窗把陽臺裡面的風景慷慨無私地奉獻給過路人。

陽臺之所以吸引人，是因為這是一個花的海洋。陽臺上開滿了花，紅的、黃的、藍的、紫的，一朵朵、一片片，花團錦簇，奼紫嫣紅，煞是好看。蔥蘢的綠葉葳蕤茂盛、綠氣騰騰，把花兒映襯得更加楚楚動人，嬌豔多姿，讓人懷疑花園被搬到了這裡。

陽臺上面擺滿了各式各樣的花盆，花盆裡是各式各樣的花。陽臺上有好幾個隔層，每個隔層都是花。陽臺的架子上也錯落有致地掛著不同的花。五顏六色的花欣欣然張開了眼，充滿驚奇地欣賞著外面的世界。陽臺玻璃外窗的南面和臨街的西面中間都向外用鋼條鑲嵌了一個長方形的小架子，正好能放下兩盆花，花朵競相開放，呈現著最美的花姿，彷彿在向過路人問好。

記得有人說過，陽臺是屬於女人的。看一家的陽臺，大概也就看出那家女主人的風貌。從陽臺可見一個女人的生活、品味，甚至她內心的季節。我未曾見過這家主人，但能把陽臺的花養得如此美麗，女主人肯定也是一位溫潤芬芳的女子，她的日子一定雅緻、精美，生活得有滋有味吧。

「這家的男人可真不容易呀，老伴癱瘓在床，吃喝拉撒全是他伺候，二十年了，他這樣堅守著，而且還為老伴養得一手好花，老伴不能出去看花，就讓她在家看個夠。」同來賞花的知情人說道。我的靈魂被深深地震撼了。執子之手，與子偕老；不離不棄，終生守候。還有什麼比這更美的愛情！

陽臺花開，一花一世界。想必女主人坐著輪椅在男主人的陪伴下，每天閒暇時間來此小憩，徜徉於花海中，捧杯熱茶，悠悠品茗；看花開花落，望雲卷雲舒；放飛心靈，感悟人生。生活的韻味，從陽臺開始；心情的裝扮，從陽臺呈現；陽臺花開見證了一對老人的默默相守。

寧願為你，讓陽臺花開！

第六章

如果可以，我想成為你的驕傲

有一種妥協叫父愛

季錦

她出生在一個小山村，從小就聰明伶俐的她是父母的掌中寶。尤其是父親，對她更是百般呵護。

十三歲那年，母親準備按家鄉的習俗為她定一門娃娃親，但她卻不想一輩子待在封閉的大山裡。她心中藏著一個很美的夢想，就是長大了要當一個舞蹈演員，所以，對母親要為她定娃娃親的事情她堅決反對，母親幾次三番地說，她幾次三番地抗拒。國中畢業後，為了擺脫這娃娃親，她選擇了離家出走，她要去追尋自己的夢。最終她費盡周折，終於在河南一家歌舞團落了腳。而就在此時，父親千方百計找到她，想要帶她回家，她當然不肯，束手無策的父親只好把身上僅有的兩百塊錢留給她，一個人落寞地坐上了返程的火車。

隨後的幾年中，無論她去哪裡演出，父親都會特地去看她，且一再要求她跟自己回家，可每次都被她拒絕了。在她一次次地堅持下，父親一次次地妥協。

十九歲那年，她和團裡的一位同事相愛。對方比她大十幾歲，且離過婚，還有一個年幼的兒子，但這一切都無法阻止她愛他。因為在她心裡，他人長得帥氣、心又好，她相信父母會同意他們在一起。

然而事情並不像她想像的那般順利。當父母知道了她男友的真實情況後，堅決反對，特別是父親，沒有一點商量的餘地，她也態度無比堅決地要跟男友在一起。父親一氣之下就把她趕出了家門。在賭氣的狀況下，她也走得義無反顧。因為她知道，無論她做什麼選擇，父親最終都會原諒她，但如果她錯失了這份愛情，便不會再擁有。

然而，直到她和男友回到了他的四川老家才知道，男友的家可謂一貧如洗，甚至連一張像樣的床都沒有。為了生活，她和男友四處找工作，卻因學歷低而處處碰壁，萬般無奈下，她和男友只好出去賣報紙，一張報紙可以賺五分錢，一天一個人也就賣個幾十份，兩人賺的錢也就勉強可以餬口，而這一賣就是三年。三年裡，她吃了多少苦受了多少罪，連她自己都數不清。傷心無助時，她多想打個電話給父母啊，但每次把那個熟悉的號碼撥通卻又趕忙結束通話，她實在是沒有勇氣面對父母啊！既然路是自己選的，她有什麼資格跟父母訴苦呢？她想，還是等自己過得好了再和父母聯繫吧，而這一等就又是許多年。

直到三年前，她和老公用多年的積蓄開了一家照相館，生意漸漸好起來之後，她回家的願望也愈加強烈。老公明白她的心思，便鼓勵她回家看看。

她先打了個電話給母親，告訴她的返鄉日期，而後精心地為父母準備了很多禮物，隨後便帶著老公和孩子一起踏上了回鄉的路。一路上她內心忐忑無比，總害怕父母不能原諒自己，更害怕再被父親趕出家門。

還沒進村莊，大老遠就看到母親在村口等她。母親老了，老得她都快認不出了，剛一見面母親就抱著她失聲痛哭。隨後，母親嘴上一遍遍數落著她的絕情和狠心，雙手卻無限疼惜地捧著她的臉，沒完沒了地看。

在和母親回家的路上，因為沒見到父親來接她，她的心裡更加忐忑。

母親領著她進屋，客廳裡沒有父親，廚房裡卻傳來了聲響。她走過去，見父親正在做飯，正當她鼓起勇氣想叫一聲「爸」時，父親也轉身看見了她，但父親並沒有表現出任何親熱的舉動，而是理都不理她便轉身走出廚房，留下她一個人尷尬地站在那裡。她想：看來這次父親是說什麼也不會原諒自己了。

這時，母親走過來把她拉進她以前的臥室。當看到臥室的第一眼時，她便瞬間淚溼雙眼，原來，臥室裡所有的陳設都跟她走之前一模一樣，就連她臨走時父親坐在床邊與她談心的小板凳都還放在原來的位置！母親告訴她，自從她走後，父親就不讓任何人碰這屋裡的任何東西，而父親更是十九年如一日，每天都要來這裡坐上一會，自言自語地跟女兒說上一會話……不等母親說完，她已經泣不成聲。原本，她以為父親一定會恨自己，更不會原諒自己，卻沒想到父親竟以這樣的一種方式默默地守著自己，愛著自己。她跑出房門，走到在客廳沙發上坐著的父親面前，雙膝跪下，滿含深情與內疚地喊了一聲「爸」，便哭得淚如雨下。此時的父親也沒了剛才的冷漠，而是無比激動地把她攬入懷中，哽咽地一遍遍重複著：「回來就好，回來就好，爸爸一直在等你回家……」直到此時，她才明白，原來父愛從未離開，原來父愛一直都在！

是啊，有一個人，無論你做了什麼，無論你怎麼傷害他，他都會無條件地包容你、原諒你，一如既往地愛著你，這個人叫父親，這種妥協是父愛！

假如能過完這個生日

葉梅玉

兩年前的清明節前夕，母親去醫院檢查時就已經是肺癌晚期了。母親含辛茹苦，把我們五姊妹拉拔長大，供我們讀完高中、大學，待到我們成了家立了業，我們的孩子相繼出生，母親擔心孩子影響我們的工作，又操勞著帶孫子、外孫了。待到孫子、外孫初長成，我們都以為該是母親安享晚年的時候了，誰能料到一場災難會降臨到母親身上。

對於母親的病，我們一直小心翼翼地瞞著她，不走漏一點風聲。

母親以為她的支氣管炎復發了，不會太介意。兩年前母親的肺病被當作支氣管炎誤診，讓母親錯失了最佳治療時間。母親無力地躺在病床上，期盼這個陰雨綿綿的季節早日過去。母親喃喃著，她這個老毛病，要到天氣暖和，才會好起來，兩年來，一直是這樣。母親一次又一次地把目光投向窗外，期待天氣變暖，病快點好起來。

到了五月，氣溫轉暖。母親的病並不見好轉。母親全身無力，不能下床，食難下嚥。我想去外面的餐廳買點可口的飯菜給母親，卻不知道母親平日最愛吃哪道菜。我很愧疚，俯身詢問母親。母親懨懨地看著我，氣息微弱地說了一個「魚」字。我買來飯菜，撥一小部分餵母親，母親艱難地吃了兩小口就不要了。母親不停地喘著氣，無力地靠在床頭，無力地用手示意我快吃。我瞧著母親那副模樣，心裡難過，吃了兩口再也吃不下去，就在我起身想把沒吃完的飯菜倒掉時，我看到母親又向我無力地擺了擺手，輕輕地嘆息了一聲。我望著母親，剎那間明白了母親的意思。母親是過苦日子熬過來的，知道糧食的珍貴，自小到大，母親從來就不允許我們糟蹋一粒糧食。我端著碗，坐下來，母親看著我，看著我碗裡的飯菜。我轉過身去，把背朝向母親，和著淚水，把剩餘的飯菜全部吞進肚子。

第二天，母親還是要吃魚。在買好飯菜返回途中，我猛然想到，這分明是我最愛吃的一道菜！母親，您何時對魚感興趣過，到了這個時候，您心裡卻還記掛著我。

六月，天氣炎熱。母親的病開始惡化。母親整日軟塌塌地臥在病床上昏睡。有時候，母親醒來，空洞的眼睛一直望向窗外，母親說天氣暖和了，她這個病卻不見好轉，以前不是這樣。這次……住了這麼久院……還不見好轉……怕是難好了……

母親鼻子裡插著氧氣管，每說一句話，都喘息不止。

母親依然嚥不下一粒米飯，只能喝一點點流食，靠打營養針來維持微弱的生命。短短幾個月時間，母親的體重從六十多公斤，降到四十多公斤。

有一天，母親的右臂突然腫大起來。我慌了神，急忙跑去找醫生。醫生說，癌細胞已經擴散到了母親的淋巴，母親的靜脈血管受阻導致右臂靜脈血液回流，手臂腫大。

接連幾天的用藥，仍然無法消除母親手臂的腫脹。那一天，母親絕望地撫摸著腫大的右臂，默默地流淚。我忙走出病房，站在醫院的長廊，再也忍不住，淚水長流，唯恨世上無良醫良藥醫好母親的絕症，唯恨自己不能替代母親承受這份痛苦。

七月，母親的呼吸變得越來越困難，只要稍微移動一下身子，母親就接不上氣，臉色蒼白。

母親隨時都有生命危險。我守在母親床前，眼睜睜地看著飽受病痛折磨的母親卻又無能為力。我每天急急忙忙去醫院外的餐廳買來炒飯，不敢有絲毫的停留，我害怕母親會在我轉身之間離我而去。

在母親生命的最後時光，母親幾乎每晚都做噩夢，夢見我逝去的父親，夢見我離世二十多年的外婆。有一個深夜，母親忽然坐起來，目光如炬，大聲喊著「媽媽，媽媽」。正坐在母親床頭打盹的我被驚醒，大駭不已。母親那段時間連坐起來的力氣都沒有，我不知道是什麼力量讓母親猛地坐了起來。母親從夢魘裡清醒過來，眼神黯淡，目光痴呆地望著房門。母親說外婆一襲黑衣而來，要把她帶走。母親還說，她怕是活不了幾天……要是能過完這個生日再走就好了……母親失神的目光裡有著對塵世的無限眷戀，對親人的難以割捨，讓我不忍目視。

母親的生日是中秋節這一天，還有一個多月時間，但母親沒有等到她的七十二歲生日，就永遠地離開了我們。那個本該一家團圓的節日，帶給我們的是無限的遺憾和永遠的懷念……

一百八十封信件

余顯斌

他一直對母親心存怨恨，他覺得是母親把自己送進了監獄，這一關就是五年。五年啊，人生又有多少個五年？

當年，他由於喝醉了酒和人吵了起來，接著便動了手，他紅了眼，拿起桌上的酒瓶，砸在了對方的頭上。那人倒在了血泊裡，他酒醒了，傻了眼，喊了幾聲不見答應，他便飛也似的跑了。

跑回家，他告訴母親，他打死人了。

母親當時在做飯，鍋鏟「咣噹」一聲落在地上，平時就缺少血色的臉，在那會兒更是毫無血色。她彎下腰去撿鍋鏟，可是用盡力氣，也沒撿起鍋鏟。她愣了一會兒勸他趕快去自首。他說，不不，那人如果已經死了，自己很可能會被槍斃的。「我沒活夠，我不想死。」他渾身戰慄著說。

他告訴母親，他回來，就是想拿點錢，然後亡命天涯。

母親搖著頭，仍固執地勸他自首。

「打死人了，那是死刑啊，妳知不知道？」他輕聲質問道。

母親無言，許久說：「好吧，兒啊……我去為你做飯，吃了再走吧。」說著，擦著眼淚。

由於怕人發現，母親讓他藏在地窖中，又在上面放上一塊大木板，木板上壓著塊大石頭。

然後，母親放心地走了。

他也就安心地躲在地窖裡，由於太累了，他坐著睡著了。

當母親再一次揭開木板，喊他出來時，天已經黑了。母親做的是雞蛋麵，他吃得津津有味。母親在旁邊，望著他，淚水又一次流了出來。

他也紅了眼眶，為自己過去不聽母親的話，為自己不該和狐朋狗友來往，更為自己一時發火和不計後果的行為。他勸母親：「媽，放心，風聲小了後，我會悄悄回來看妳的。」

母親不說話，又出去為他盛飯，讓他吃飽點。

兩碗雞蛋麵下肚，他點點頭，夠了。

這時門開了，人影一晃，幾個警察走進來。他大吃一驚，站起來，準備從後門逃跑，母親忙一把抱住了他的腿。事後他才知道，這些警察，是母親叫來的。就在他躲進地窖睡覺時，母親打了電話給警察局，報了案。

在電話中，母親只有一個要求，給兒子做一頓飯，讓他吃飽了再走。

他被帶走了，臨走時他睜著血紅的眼睛望著母親，大吼：「妳不是我媽，以後妳也沒有我這個兒子。」他覺得，從母親報案的那刻起，他的母親就已經沒有了，死了。

進了監獄他才知道，被打的那人沒死，但已成了殘廢。他也因此被判五年徒刑。監獄裡，很多犯人的親人都來探監，帶著衣服，還有吃的。母親也來，可是每一次，他都拒絕見面，他說他沒有母親也沒有親人，自己的父親早死了，母親也沒有了。

監獄管理員勸他：「去見見老人吧，她淚都流乾了。」

他偏著頭，堅決道地：「那不是我媽！」

監獄管理員生氣了，質問：「有你這樣做兒子的嗎？」

他理直氣壯，問道：「有她那樣當媽的嗎？」

有一天監獄管理員告訴他，有一點事找他。他出去了，看到了一個老人，面對著她，頭髮已經花白，蒼白的臉色，透著青灰的顏色。

那是母親。

他扭轉頭，母親在身後流著淚喊道：「兒啊，媽都是為你好啊，媽怕你一跑，罪上加罪啊；更怕你這一跑，媽再也見不到你了啊。」

他不說話，無論怎麼說，一個母親竟然報警，竟然幫著警察抓捕自己的兒子，這點，太過分了，太不合乎一個母親的身分了。

母親在身後叮囑道：「兒啊，以後你要注意身體，要守法，媽就不來看你了。」

他說走吧走吧快走吧，說完，他頭也不回地走了。

以後，母親果真再也沒來看他，但是，信卻是少不了的，一月三封。

母親在信裡告訴他：兒啊，你要好好洗心革面，媽等著你回來。

母親在信裡說：兒啊，天冷了，你要注意身體啊。

母親在信裡說：兒啊，不要喝冷水，你體質弱，會拉肚子的。

每次拿著信，他都會一個人待在一邊，默默流淚。可是，他忍住堅決不寫信給母親。

四年，近一百五十封信，整整齊齊疊在那兒，每個獄友見了，都羨慕道，你媽真細心。有的甚至道，有這樣的媽，是你當兒子的福分。

在這些信的滋潤下，他心裡的冰塊慢慢融化了，他也逐漸體會到母親當時的無奈和痛苦。一個母親，把自己兒子親手送進監獄，每一個夜裡，當母親想到這些，她該經歷怎樣的心靈煎熬啊！他想。

母親淚流滿面的樣子，又一次出現在他的面前。他哭了，為自己的母親。

他心裡想著自己要好好洗心革面，力求早日回去，他要跪在母親面前，流著淚喊一聲「媽」。四年後他減刑了，拿著行李走出監獄的那一刻，面對著外面潔淨的陽光，還有飽含著花香的空氣，他第一次從心裡感謝母親，當年母親做的，是最明智的選擇。

他走到村口，頓時呆住了。村口攏著一座墳，墳上已經荒草一片，可以看出有幾年了。墓碑上，竟然刻著母親的名字。他望著墳墓，傻在那兒，眼前一片朦朧，突然撲通一聲跪在墳前，嚎啕大哭起來。

聽到哭聲，他的嬸嬸聞聲而來，她也哭了。

在嬸嬸的敘說中，他才知道，母親本來就有肺病，在他入獄後，病更重了，到醫院一檢查，已經不治了。母親最後的想法，就是到監獄去看看他。母親去了，回來後淚流滿面，坐在家裡，夜以繼日地寫信，寫下了一百八十封信，交給嬸嬸，讓她每個月發三封。

嬸嬸說著，拿出一疊信，這些是還沒寄完的信，嬸嬸都交給了他。

他坐在墳前，一封一封看著，好像母親就站在他面前，一字一句地囑咐著他。在最後一封信裡，母親寫道：

兒啊，你回來時，媽早已走了，去見你爸去了。媽當時沒告訴你，是怕你難受。知道嗎？在離開監獄的那一刻，媽多想你回過頭，喊一聲媽啊。

不要為媽傷心，你能出來，就是媽最大的幸福。媽讓你嬸嬸她們把我的墓攏在村口，媽活著看不到你回來，死了也要看著你回來。記住！出來了，不要忘了到媽的墳前，喊媽一聲。媽在地下聽了，知道你回來，也就瞑目了。

他的眼淚又一次滾湧而出，他站起來，看著墳上的荒草，就像母親滿頭的花髮。他「咚」的一聲跪下，大聲道：「媽，我出來了，以後我一定要做個好人，妳聽到了嗎？」

乾乾淨淨的陽光下，有風吹來，墳上的青草一片，波動著，一直波動到天的盡頭。這沒有邊際的青草啊！

跟蹤老爸的女孩

余顯斌

1

吳波發現最近老爸有點鬼鬼祟祟。過去，老爸下班後都會早早回來把飯做好等吳波回來吃。有時吳波回來晚了，老爸還專門到社區門口等著，和守門大爺一邊聊著。守門大爺見了吳波，笑笑地說：「妳爸啊，心細得針眼一樣大。」老爸總是笑笑。吳波抱著老爸的手，搖晃著說：「爸，不用在外面等。」老爸不聽，說養丫頭比養小子讓人操心，怎麼能不等？吳波噘著嘴說：「老爸，不需要這樣吧？」老爸說：「需要，長大了，爸就省心了。」聽著老爸嘮叨，吳波感到很幸福。可是現在的老爸鬼鬼祟祟的，像特務一樣。吳波上了心，注意起來。

這天，吳波剛從學校回來，老爸就把飯菜拿上桌說：「我出去一下。」然後匆匆就走。吳波問：「爸，做什麼去？」老爸告訴她，外面有人請吃飯。說完笑著點下頭，關上門出去了。吳波放下碗，拉起帽子，悄悄跟了出去，她總感到老爸有什麼祕密在瞞著自己。

三步兩步，老爸來到一座樓下，老爸掏出手機道：「梅雨，我在妳樓下。」吳波離得並不遠，這一切被她聽得清清楚楚。然後，吳波就看見三樓有個女人臉露出來，看起來很清雅，她看見老爸，微笑著招招手。老爸也招招手，等她下樓。

2

老爸回來已是黃昏，像個小青年吹著口哨。他推門進屋看見吳波，愣了下問：「回來了，沒上學啊，ㄚ頭？」吳波眼睛一白道：「今天是星期五，下午放假。」吳波是高三，學校一月一放，今天剛好趕到放假。本來她想讓老爸陪自己去公園玩，但老爸竟然被個女人叫去了，還忘記自己今天放假。

難道自己在學校讀書容易嗎？吳波不高興道地：「爸，你去哪兒啦？」老爸笑笑，一邊洗衣，一邊道：「不是告訴你了嗎？別人請客啊！」「男的女的？」吳波窮追不捨。老爸不自然地笑笑，告訴她，怎麼可能是女的，當然男的。吳波更不高興了，道：「騙子，連自己女兒都騙。」老爸一愣：「說什麼呢？」吳波紅著眼眶道：「你騙我，你是去找一個女人了。」說完，進了自己房間，「哐」一聲關上了門。

3

自吳波記事起就沒了媽媽，她一直和老爸相依為命。那時很多人介紹對象給老爸，老爸都搖頭，自己有個女兒，怕拖累別人。

一次，一個女的和老爸談戀愛了，答應對吳波好。那女人到家裡玩，吳波要上廁所，她讓吳波一個人去，那時吳波還小，蹲不到馬桶上，急得直哭。老爸忙進去，把她抱上去，後來老爸便和那個女人分開了，用他的話說：「那樣的人嫁過來，我ㄚ頭怎麼辦啊？」

懂事後，吳波也會問老爸怎麼不為自己娶個後媽，老爸想想，總笑著說「思念你媽」。

吳波睡在床上，流著淚想：都是謊言，什麼思念媽媽，什麼怕自己受委屈，全是謊言，遇見個漂亮女人，就什麼都忘了。偷偷摸摸，很可能和那女人是婚外情。

吳波感到老爸很卑鄙，她恨老爸，也恨那個女人，恨她橫插一手，拐走自己爸爸，奪走自己父愛。

4

吳波有個計畫，決定過段時間實施。

那天吃完飯，她告訴老爸自己去上學，說完背起書包走了。吳波沒走遠，她悄悄躲在樓下轉角窺視著。不一會兒老爸出來，急匆匆向前走，不是走向那座樓，是走向另一方向。吳波拉上帽子緊跟著。老爸邊走邊打電話：「我女兒發現了。好的，我們公園見。那妮子鬼精靈。」

老爸的話，吳波全聽進了耳朵。她氣壞了，暗恨老爸叛徒，和那女人認識才幾天，竟然出賣自己女兒。

她心裡更恨那個女人啦。

到了公園門口，那個叫梅雨的果然在那裡等，對老爸招手。老爸一笑，兩人挽著手臂向裡走。吳波也夾在人群中，悄悄跟了進去。

那女人靠在爸爸身邊，邊走邊說：「放心吧，我會對吳波好的。」

老爸忙拍馬屁說：「妳這麼溫柔，一定能做好媽媽的角色。」

女人笑了道：「吳俊，妳說丫頭能喊我媽嗎？」

「能，一定能。」老爸肯定地拍拍女人的肩，滿足地長嘆，「戀愛真美，我還沒嘗過戀愛滋味呢。」

女人瞥了老爸一眼，幸福地笑笑。

吳波火了，敢情老爸從沒愛過自己媽媽啊，到現在還沒嘗過戀愛，他把媽媽當成了什麼？說不定，媽媽早死，都是老爸寡情薄義不愛她造成的。

吳波越想越氣，衝了出來，瞪著那女人。老爸驚訝道：「丫頭，沒上學？」

梅雨也微笑著道：「孩子，怎麼沒上學啊？」

吳波瞪著梅雨喊道：「妳管不著，我和我爸還有我們家不歡迎妳。」

老爸急了道：「丫頭，怎麼啦？」

「你說怎麼啦，我恨你！」吳波狠狠道，轉身就跑。老爸急了，在後面追趕起來。

5

吳波做好了出走準備：既然老爸不喜歡媽媽，從沒戀愛過，一定也不喜歡自己，說不定在他眼中，自己也是個多餘的人。

趁老爸不在家，她偷偷收拾著東西。她決定，這以後走得遠遠的，再不回來。

在櫃子一角，她拿出老爸藏著的一個影集，她想拿張老爸的照片作紀念。裡面，一張發黃的照片掉下來。她拾起來，上面是個胖娃娃，上寫「波波出生照」，原來是自己出生時的照片。

她又想起媽媽，淚水直流。

照片背面，有行字吸引了她的眼睛，上面寫道：同袍，你瞑目吧，你的女兒，我一定當親生女兒撫養長大。

下面署名——吳俊。頓時，吳波傻了。

6

老爸回來時，家裡熱熱鬧鬧，廚房傳來炒菜聲。老爸進去一看，瞪大了眼，是梅雨在忙。吳波在旁邊幫忙洗菜。

看見老爸，吳波道：「自由了，老爸，你去幫梅雨阿姨忙吧。」說著將老爸推進廚房。

她想，老爸為她付出十幾年心血，應當有個家了。

老爸不是她的生身之父，是她生身之父的同袍。她出生時爸爸因公犧牲，媽媽也因產後大出血死去。於是老爸養著她直到今天。

為了怕她受委屈，老爸一直單身，一直到現在，看她長大了，才開始考慮自己的大事。

梅雨阿姨也單身，一直戀著老爸，等到現在，終於感動了老爸。

這些，是老爸筆記本上寫的，她看得流下了淚。她去了梅雨阿姨那兒，流著淚向她道歉，並接來了她。

照片和筆記，她又偷偷放了回去，裝作不知道。

靜夜裡，她暗暗對著虛空道：「爸媽，你們放心吧，做老爸的女兒，真的很好。」

而另一個人，此時也熱淚盈眶，在心中暗暗稟告同袍：丫頭長大成人了，知道疼人了。

這人就是老爸，也一臉熱淚。

母親的錢袋

宋炳成

母親用老粗布做成的藍黑色錢袋，寬寬的，笨笨的。

父親早逝，撇下母親和我，我們母子倆靠著三畝農田度日。除了平時吃、穿、用的東西，我還要唸書，家裡是不可能有閒錢存放的，我歪著頭問母親：「媽，縫這麼大一個錢袋做什麼？」

母親撫摸著我的頭，笑著說：「傻孩子，媽用這個袋子存錢啊！」我問母親存錢做什麼，母親說，等錢袋存滿了好幫我娶媳婦。

從地裡摳錢談何容易，母親沒日沒夜地做，腰桿子都累彎了，可母親的錢袋還是癟癟的。我知道，母親將家裡僅有的一點錢都拿來供我唸書了。

時間過得飛快，眨眼間我大學畢業，憑著優異的學習成績留在了城市。母親的錢袋還是沒鼓起來，後來一個不嫌棄我貧窮的姑娘和我結了婚。這本來是件喜事，但母親總覺得內疚，好像欠了我們什麼，常在電話裡喃喃地說：「錢袋裡還沒存幾個錢呢，什麼忙都幫不上。」讓錢袋子鼓起來一直是母親最大的心願。

結婚後，我想把母親接來和我們同住，但母親說在鄉下住慣了，享不了城裡的福，還說，趁現在身子骨硬朗，她要種地存錢呢。

有一天，母親忙農活時不小心扭傷了腿，躺在床上動彈不得。醫生說，需要慢慢調養。為了照顧母親，我把她接到了城裡的家。在我和妻子精心照料了母親一個月後，母親能拄著枴杖走動了，後來又待了一週，母親便要回家。我說：「媽，妳還沒完全好呢！」母親說：「家裡有一大攤子事要做呢，你看，我現在已經能夠照顧自己了。」我說：「媽，我回去把地租出去，妳就安心在這裡住吧。」母親說：「那哪成？我還指望那幾畝地呢。」最終我沒有說服母親。母親臨走的時候看著四十平方公尺的小屋說：「買間房子吧，我幫你們。」我和妻子一個月兩萬多元的薪資，結婚時借的錢還沒還清呢，哪有錢買房啊？我說：「娘，房子的事妳別操心了，等存夠了頭期款我們會買的。」母親問：「還差多少？」我信口說：「還差十萬塊吧。」

一晃半年過去了。一天，母親突然打電話要我去車站接她。我不知道發生了什麼，匆忙向主管請了假，租了輛車直奔車站。遠遠地我看到母親站在車站門前的臺階上四處張望，大熱的天，母親竟然穿了一件厚外套，滿臉的汗，那微微鼓起的肚子立即引起了我的注意，母親一向清瘦，怎麼會……我迫不及待地走過去，焦急地問：「媽，是不是哪兒不舒服？去醫院檢查檢查吧？」母親緊張地四處看看，有些神祕地小聲說：「沒事，回家再說。」

母親直接去了裡屋，出來的時候，已脫去厚外套，看起來還是和以前一樣清瘦。我疑惑地問：「媽，妳的肚子？」母親說：「沒事，這一路上可把我嚇壞了，真怕碰上小偷什麼的，所以才打電話要你來接我，現在好了，到家了。」母親長長地舒了一口氣，高興地說：「你看，這是什麼？」母親一臉的欣喜。我這才注意到母親手裡的錢袋，鼓鼓的。

打開錢袋，我數了數，正好十萬塊，除了幾十張千元大鈔，其他都是百元的鈔票。我疑惑地問：「媽，妳哪來這麼多錢啊？」母親高興地說：「娘給你存的，平時啊，你給我的錢，媽都幫你留著呢！再加上今年桃子的價錢好，那三畝桃子賣了五萬多呢！你看夠不夠。」我心裡一陣發酸：「媽，我怎麼能花妳的錢呢？」母親說：「傻孩子，你不是買房嗎？媽不幫你幫誰？媽還要存錢呢！」望著遠方，母親神往地說：「媽幫不了你們什麼，但也不能拖累了你們。」

年底的時候，老家的三叔來找我，說是給母親送承包地的錢。我說：「三叔，我媽不是在老家嗎？」三叔疑惑地問：「你媽沒在你這裡？」我說：「離上一次來，有快半年了吧。」三叔一拍大腿，眼眶就紅了：「我的傻嫂子哎！」

三叔說，母親自從上次扭傷腿後，地裡的工作就做不了了，她把三畝桃園包給了三叔，還把老宅也賣了，說是跟著兒子到城裡享福去。「她不在你這裡，準是怕拖累你。」三叔長長地嘆了一口氣，「娃呀，你媽太不容易了，怕你受委屈，年紀輕輕的守了寡一直沒嫁……」

我有種直覺，母親就在這個城市的某個角落守望著我。每天一下班，我就騎著腳踏車滿城滿巷地轉，去找母親。母親啊！妳在哪兒呢？

十幾天後，在一個僻靜的小巷，我看到一個熟悉的身影，旁邊放著一個破舊的蛇皮袋子，右手拿著一個鐵鉤，正在垃圾桶旁撿拾著什麼，花白的頭髮在寒風裡飄呀飄……

我輕輕地走過去，喊了一聲：「媽！」母親吃了一驚，看看四周沒人，窘迫地說：「你怎麼來這裡？」我說：「老家的三叔來找妳，那些事我都知道了。」母親說：「兒子，媽歲數大了，地裡的工作做不動，但城裡撿破爛的工作還是做得來的，娘想把那個錢袋存滿，好幫你補貼家用……」

我摟住母親瘦弱的身子，喉頭一陣哽咽：「媽……」

我平凡的父親母親

邵茹波

前段時間哥哥來信說：「冬天裡農活少了，媽一閒下來就想你。她現在正在為妳織厚毛衣，等妳回來了換上。」不知怎的，一想起我的父母，我就想落淚。

我出生在一個小鄉村裡。父親是個小學畢業生，而母親不識字，只上過幾天課。在我上高中之前，父親對我的影響特別大。他總是有講不完的民間故事、民間笑話，他對未來的生活總是充滿著樂觀，他對自己子女的學業表現也非常滿意，認定了「再苦也要供孩子上學」

的想法，決心全力供應我們兄妹三人的學業花費。然而，他卻在我上高一時英年早逝。那年，父親四十三歲，我十五歲。之後經常回憶起以前的點點滴滴，我才漸漸體會到了母親的偉大。

小時候，在我們兄妹三人中，我是最愛哭的。我現在可以大講特講父母們不要太溺愛孩子了，而那時的我就是家中的「小皇帝」，父母要聽我的，要不然，我就往地上一躺，一邊打滾一邊哭，委屈、惱怒紛紛湧上心頭。每當此時父親總是陰沉著臉，獨自工作著；而母親不停地勸著我，勸到最後，總是也陪著哭了。事後，母親總是嘆息道：「他就是那個脾氣。」

令人不可思議的是，我這個脾氣居然跟著我念完了國中。高中時，我去了離家十五公里的城市讀書，離開了家鄉，離開了父母。我也就是從那時起開始了反省。我越來越覺得，父母給予我的太多了，而我使父母傷心的事情也太多了，我何時才能挽回我的過失呢？那時，父親生著病，體弱的母親終日忙碌著，忙種田，忙家務。我每個月回家一次，為了贖罪，我都拚命地工作。沒有一個人能夠完完全全明白我的心，我也並不期望別人問我這樣做是為了什麼。我總覺得唯有這樣，在我返校的時候，我的心裡才能好受一些，才算對父母盡了一點點微不足道的孝心。

高一那年期末，我慈愛的、勞累不停的父親，在病床上躺了一年之後，離我們而去了，他永遠地走了。而在他離去的時刻，常常惹他生氣的兒子卻不在他的身邊。

父親病逝後，母親更辛苦了！那時哥哥正在上師範學校，我在讀高中，妹妹還在唸國中，全家的重擔一下子落在了母親的肩上。為了能讓她的孩子們繼續上學，她要進城去打工，我們兄妹三人躲在一旁抽泣著。經親戚們一再勸阻，母親才放棄了這一打算。然而她仍不放棄每一個可以賺錢的機會。除了種地，母親嘗試過開餐廳、擺攤，但收益甚微。

高三那年春節放假回家，母親正在鋤麥地。我放下腳踏車，接過了母親手中的鋤。那時候眼看就要過年了，而母親仍在做著農活，我心裡能好受嗎？大年初一，我仍在想著那幾畝沒有鋤完的麥地，很想趁我極其有限的假期做完這些工作，母親卻笑著說：「哪有今天下地工作的？看人家不笑話你。」初二下午，正當我們沉浸在喜氣洋洋的節日氛圍中時，母親卻一個人扛著鋤下地了。

聯考完後回到家，我開始在附近的小街上打工，做著沉重又令人厭倦的勞力工作，每天揮汗如雨，賺幾個錢並不是我想像中那麼容易。不認識的人怎麼也不會相信，這個光著脊梁的、瘦弱的男孩竟是一個準大學生。所有的苦我都忍受了，我做的這些全是我心甘情願的。從出生以來我一直是一個純粹的消費者，小時候，吃母親的奶；上學了，花父母的血汗錢。我也應該自己賺點錢了。

直到一天晚上，我收工回家，母親對我說：「明天你不用去了。」「怎麼了？」「有人寫信讓你去領錄取通知書。」我語塞了。

告別了家鄉，我邁進了大學的門。穿著母親做的布鞋，我漸漸感受到了周圍穿著鋥亮皮鞋的同學鄙視的目光。在別的同學圍著生日蛋糕吹滅生日蠟燭時，我想起小時候在我生日那天，母親總會煮一顆雞蛋給我，而這顆雞蛋只有我可以獨享，哥哥妹妹只能等到他們過生日時才能享受到這樣的待遇。因此，當別的同學關切地問：「哪天是你的生日？」我總是敷衍了事地說：「到了那天再告訴你。」因為我對這種相互吃請的方式非常不適應，我也不想拿著母親辛辛苦苦賺來的錢打腫臉充胖子。

後來，一位老師介紹了一個做保母的工作，我把母親從老家接了過來。我和她生活在同一個校園中，然而過的卻是兩種不同的生活。四十幾歲的女人如果在城市中一定是風華正茂，而母親卻顯得異常蒼老。然而母親始終放不下家裡的幾畝薄田，放不下那頭交給別人餵養的老黃牛，農忙季節來臨時，母親還是謝絕了僱主家的挽留，回去了。

一個重大節日的晚上，大學所在的城市燃放起了五彩繽紛的煙火。這樣壯觀的場景我以前只是在電視上見到過，現在看呆了，兩行熱淚湧出了眼眶。身邊的同學問：「怎麼了？」我深深地嘆了一口氣：「要是此刻我媽在這裡多好！」

我常常一個人，站在陽臺上，望著天空，望著家鄉的方向，想著母親，靜靜地落淚；常常在夢中，母親走出了鄉村，來到了城市，我們母子二人並排走在大街上，欣賞著這個五光十色的世界。

電子書購買　　爽讀 APP

國家圖書館出版品預行編目資料

愛在細微處，被遺忘的溫柔羈絆：那些默默守護的身影，未曾言說的愛，讓我們在風雨中感受家的溫度與安心 / 王國民 等 著 . -- 第一版 . -- 臺北市 : 財經錢線文化事業有限公司 , 2024.12

面；　公分

POD 版

ISBN 978-626-408-113-9(平裝)

1.CST: 家庭關係 2.CST: 親子關係 3.CST: 通俗作品

544.1　　113018683

愛在細微處，被遺忘的溫柔羈絆：那些默默守護的身影，未曾言說的愛，讓我們在風雨中感受家的溫度與安心

臉書

作　　者：王國民 等

責任編輯：高惠娟

發 行 人：黃振庭

出 版 者：財經錢線文化事業有限公司

發 行 者：崧燁文化事業有限公司

E-mail：sonbookservice@gmail.com

粉 絲 頁：https://www.facebook.com/sonbookss/

網　　址：https://sonbook.net/

地　　址：台北市中正區重慶南路一段 61 號 8 樓

8F., No.61, Sec. 1, Chongqing S. Rd., Zhongzheng Dist., Taipei City 100, Taiwan

電　　話：(02) 2370-3310　　**傳　　真**：(02) 2388-1990

印　　刷：京峯數位服務有限公司

律師顧問：廣華律師事務所 張珮琦律師

定　　價：375 元

發行日期：2024 年 12 月第一版

◎本書以 POD 印製

Design Assets from Freepik.com